Graffiti Art

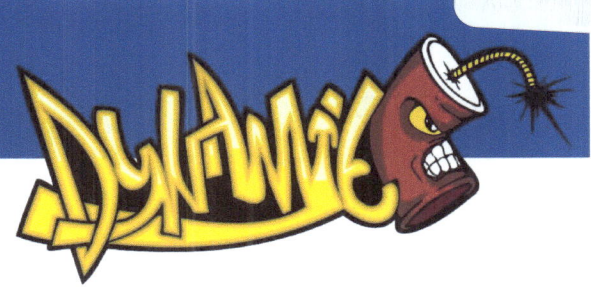

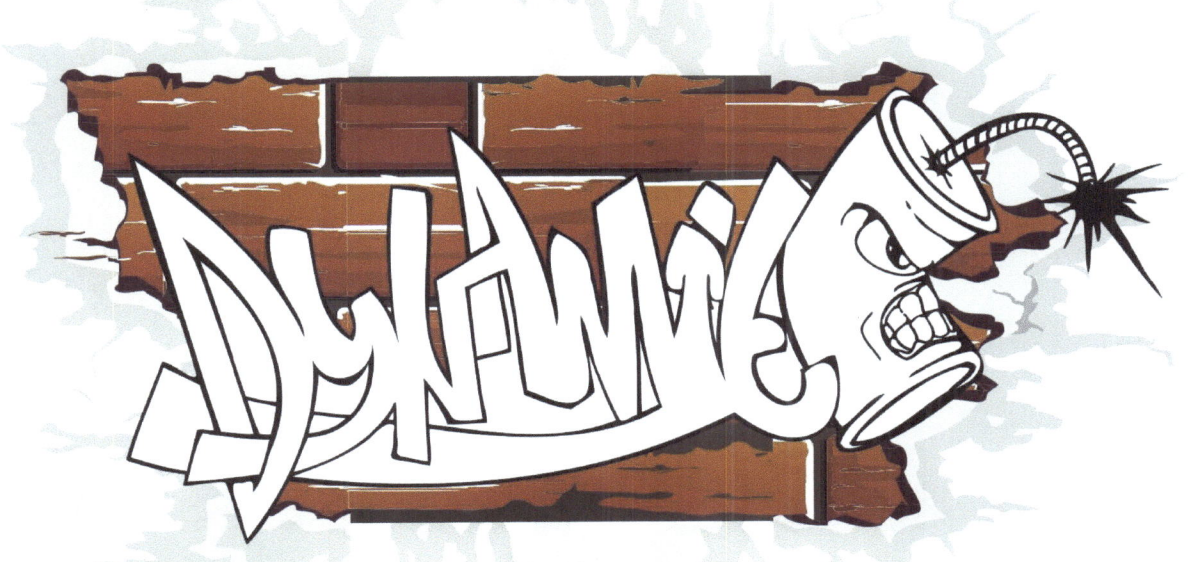

Graffiti Art

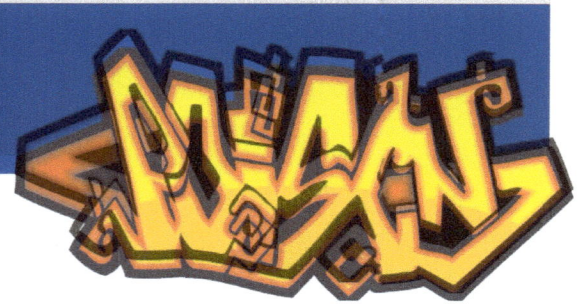

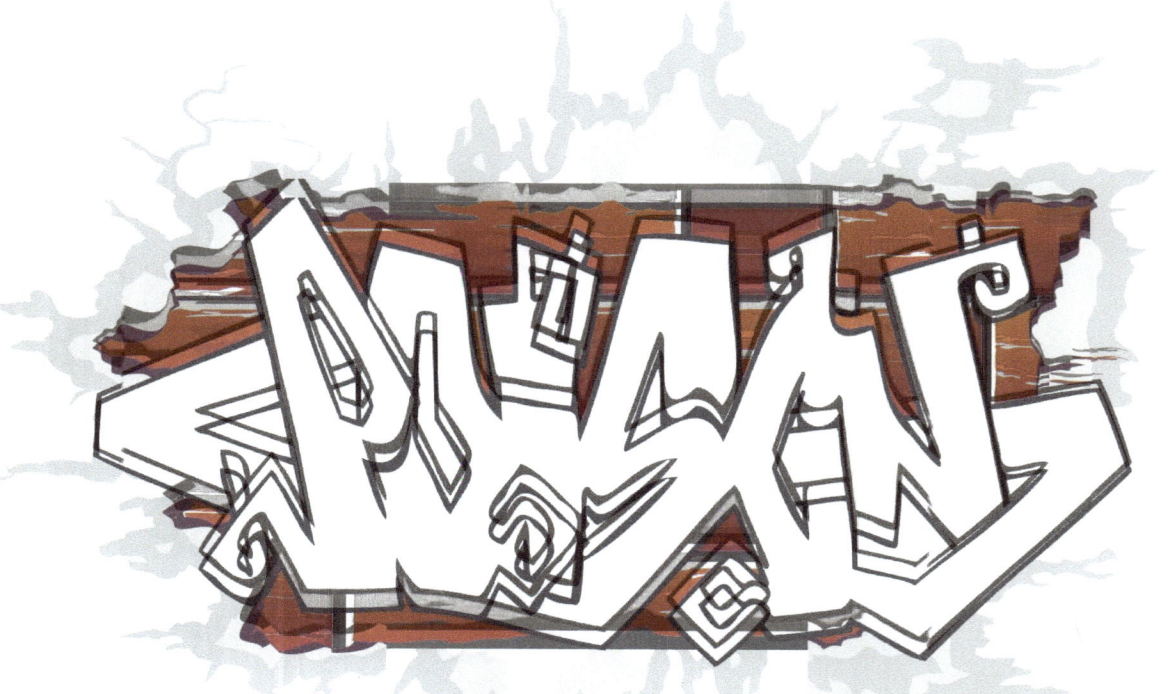

Graffiti Art

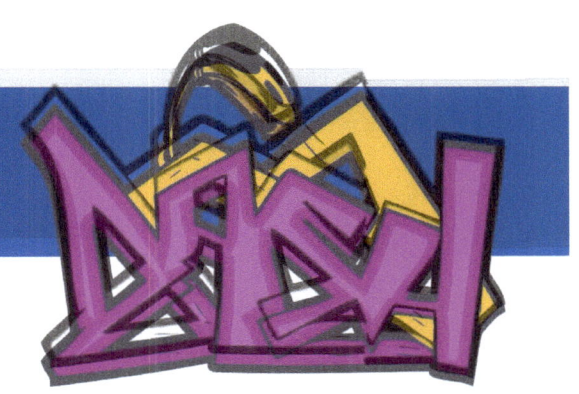

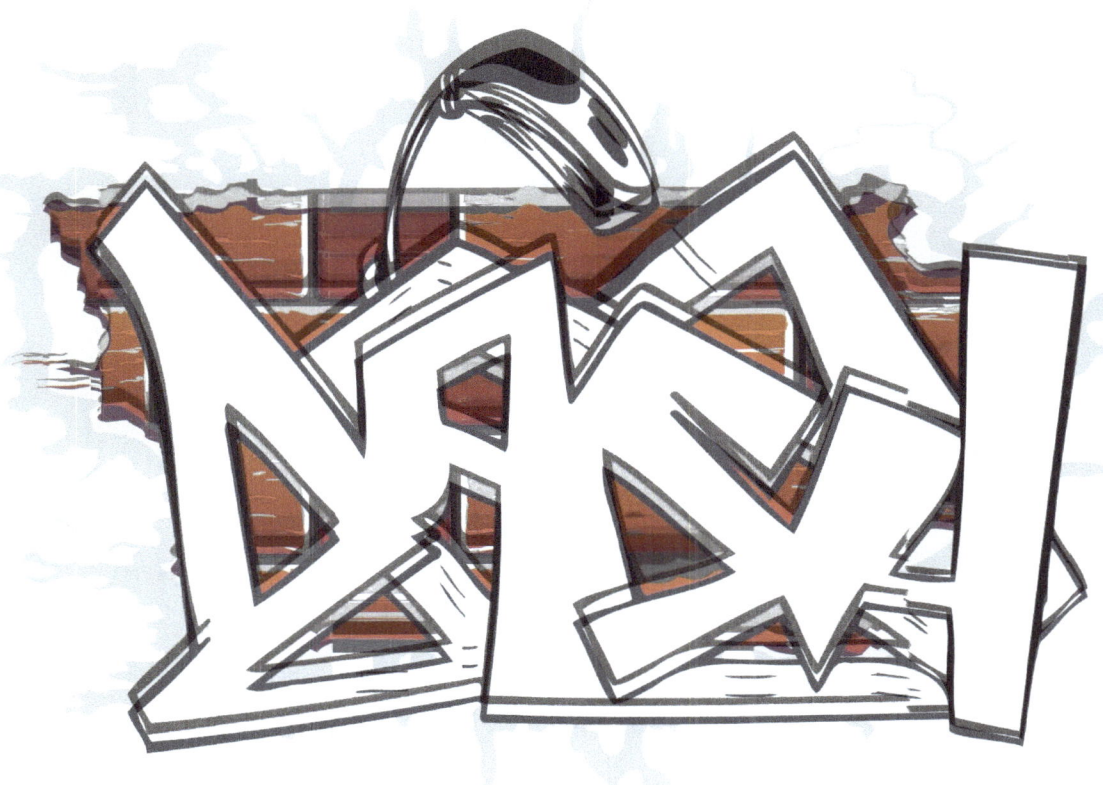

Graffiti Art

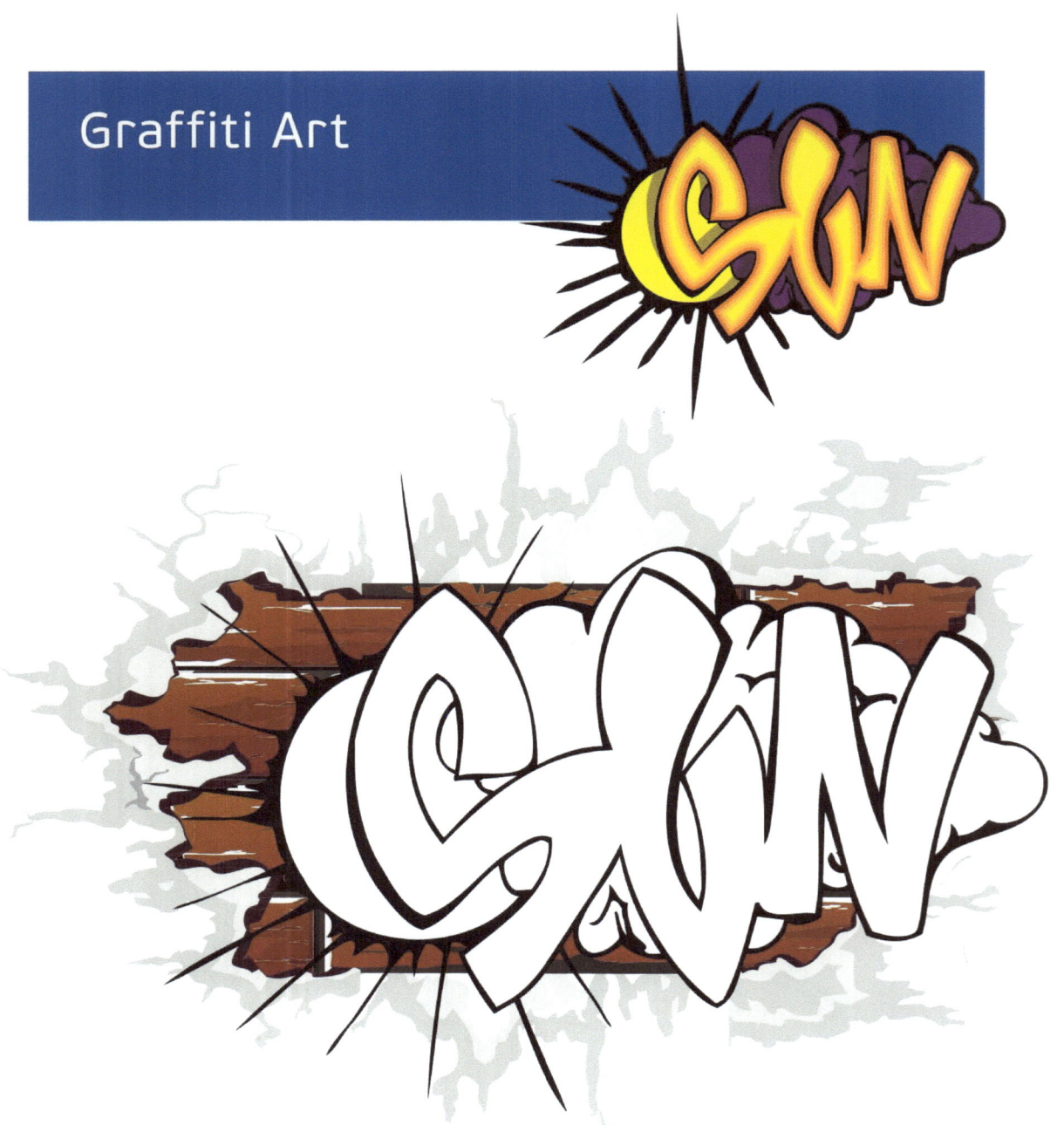

Graffiti Art

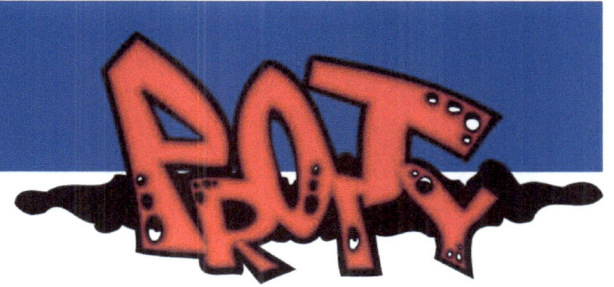

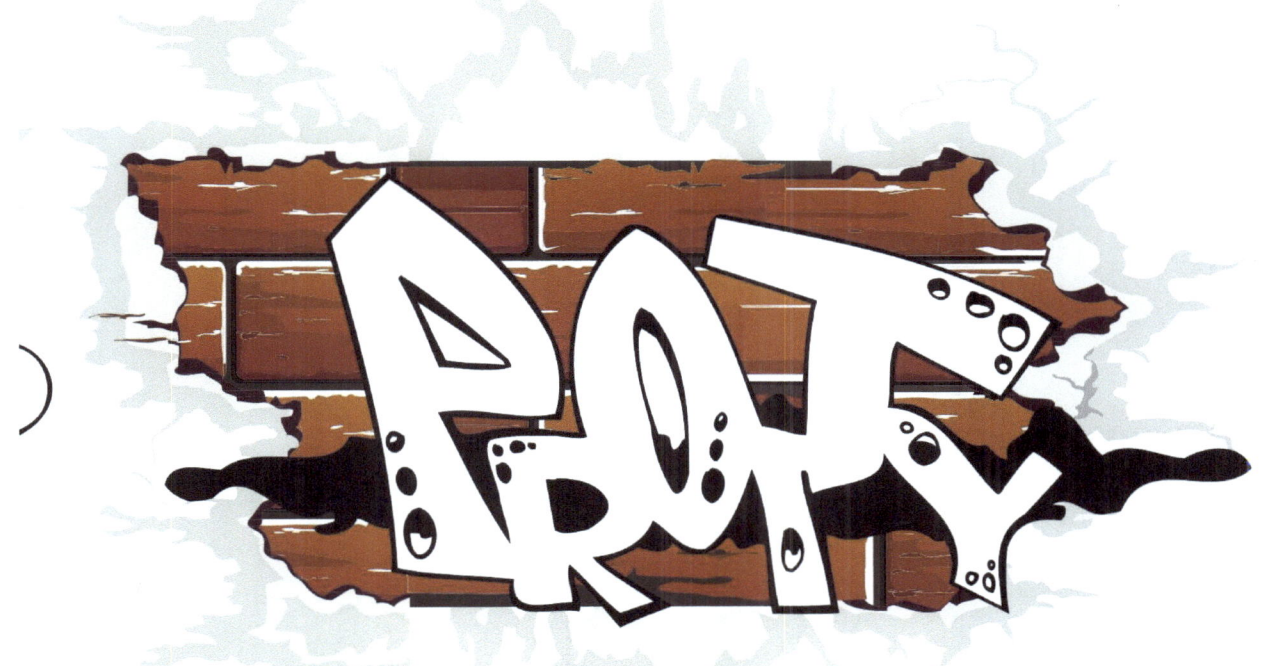

Graffiti Art

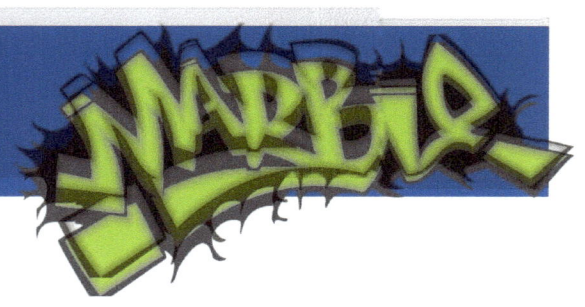

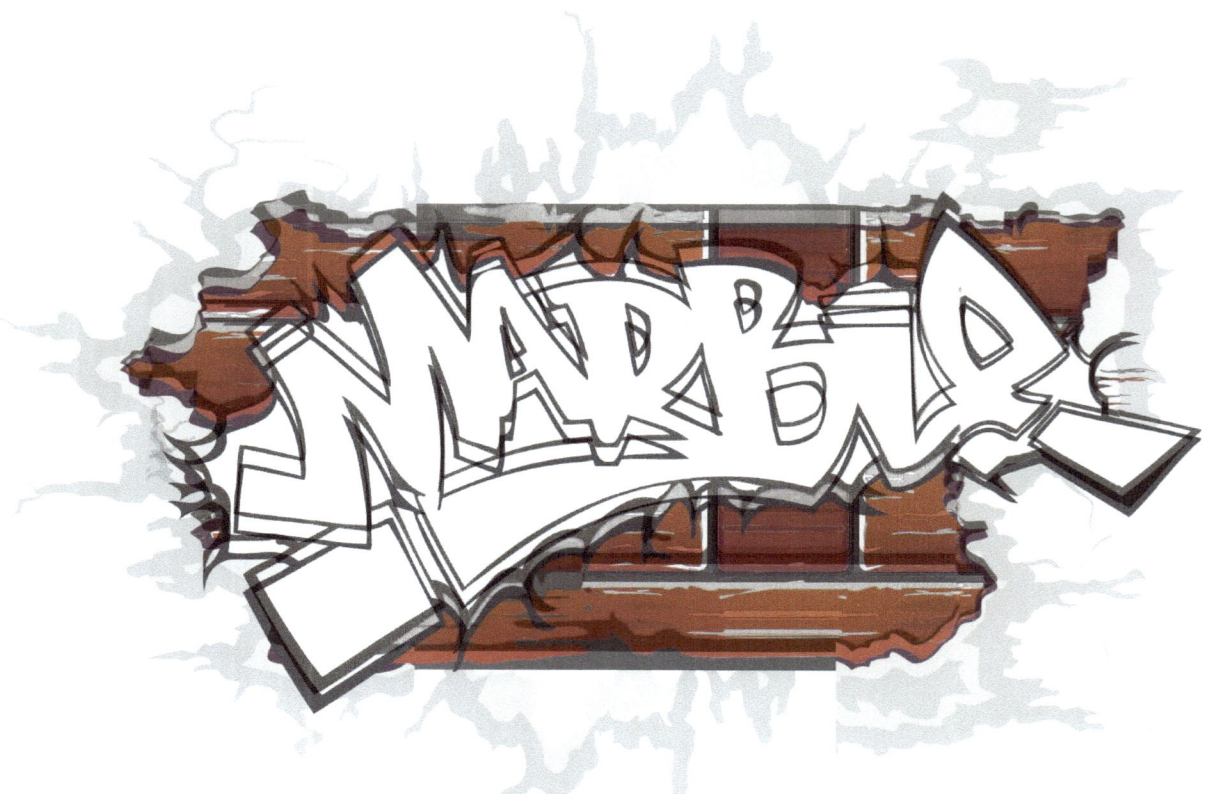

Graffiti Art

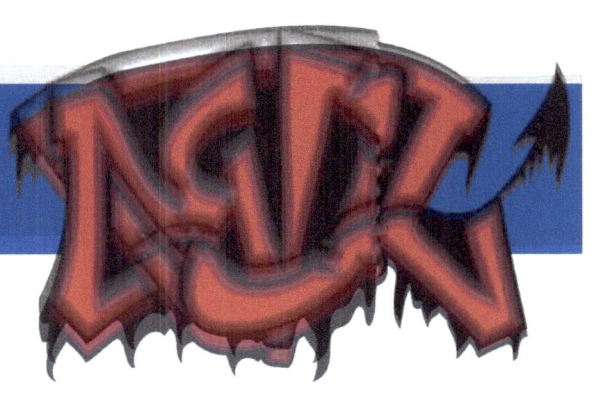

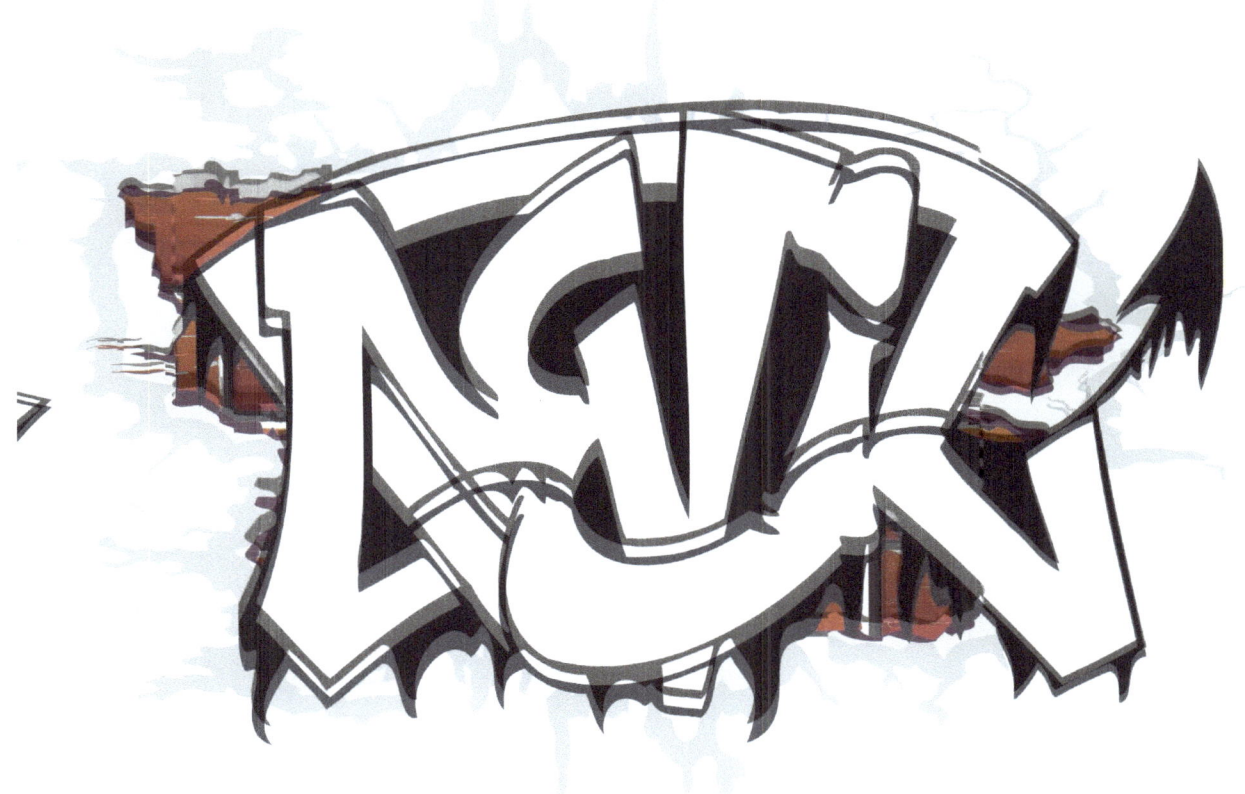

Graffiti Art

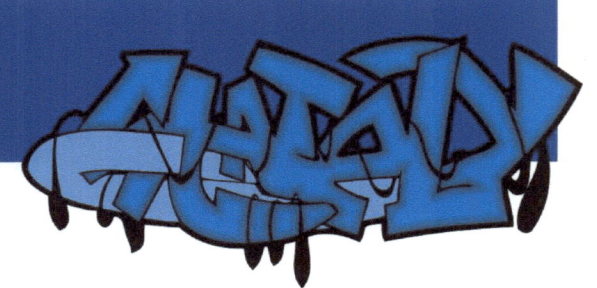

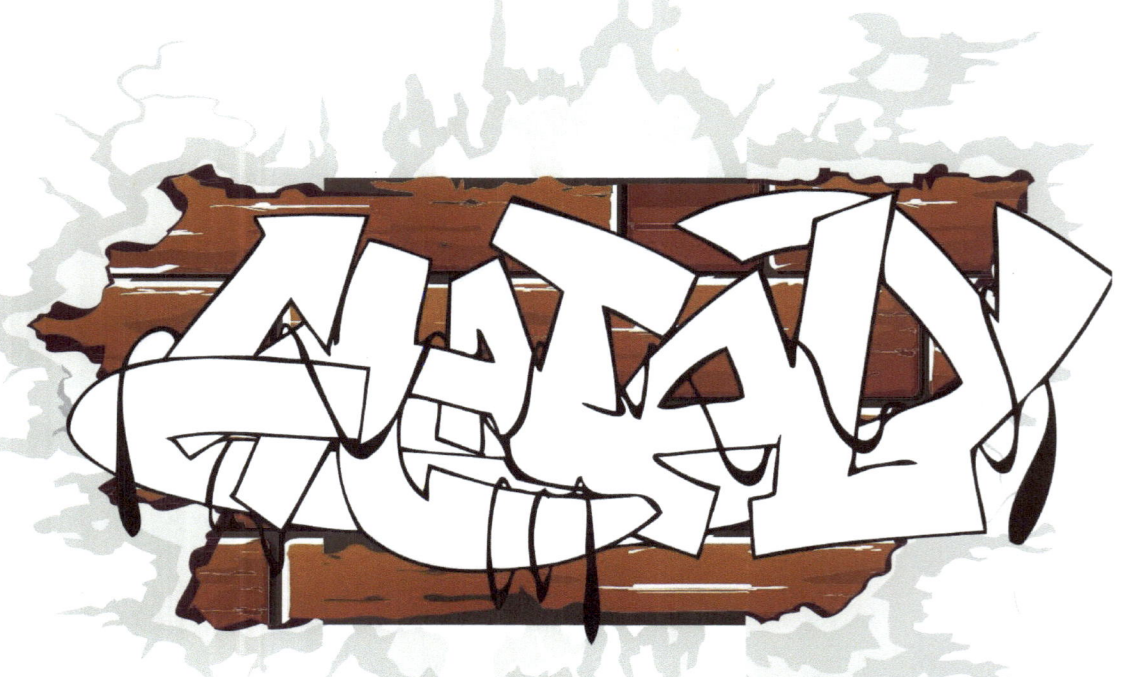

Graffiti Art

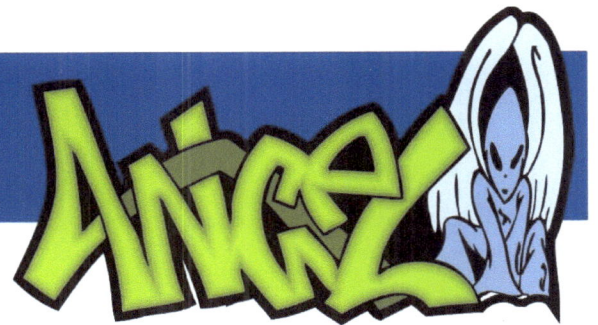

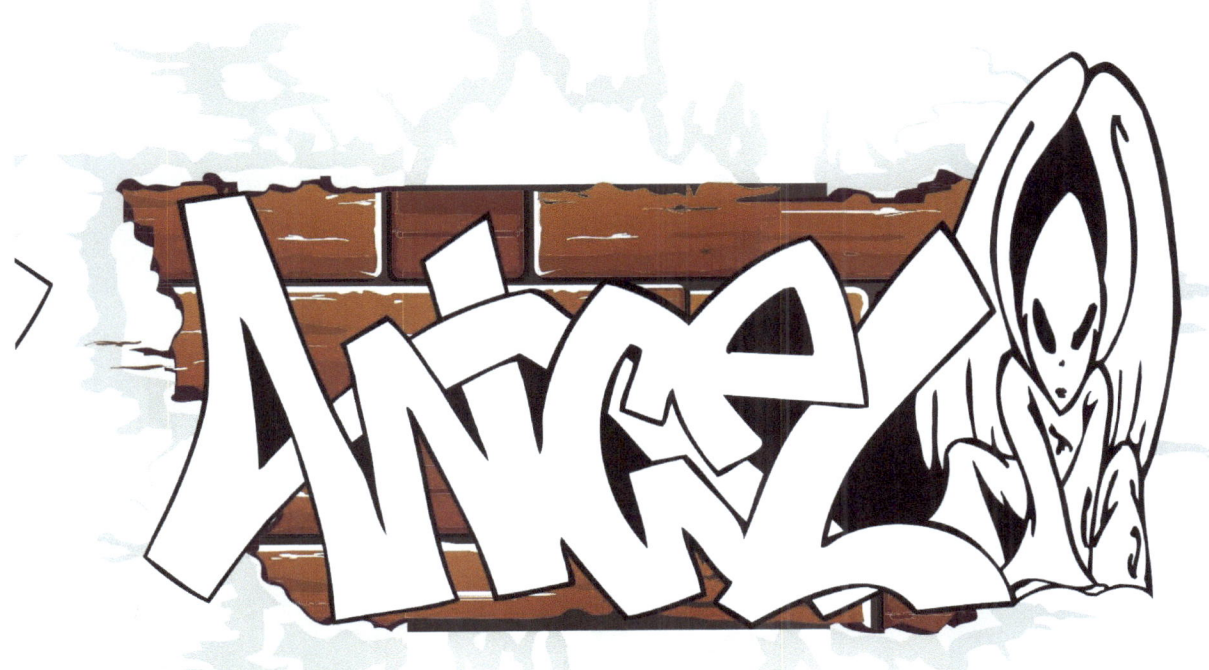

Graffiti Art

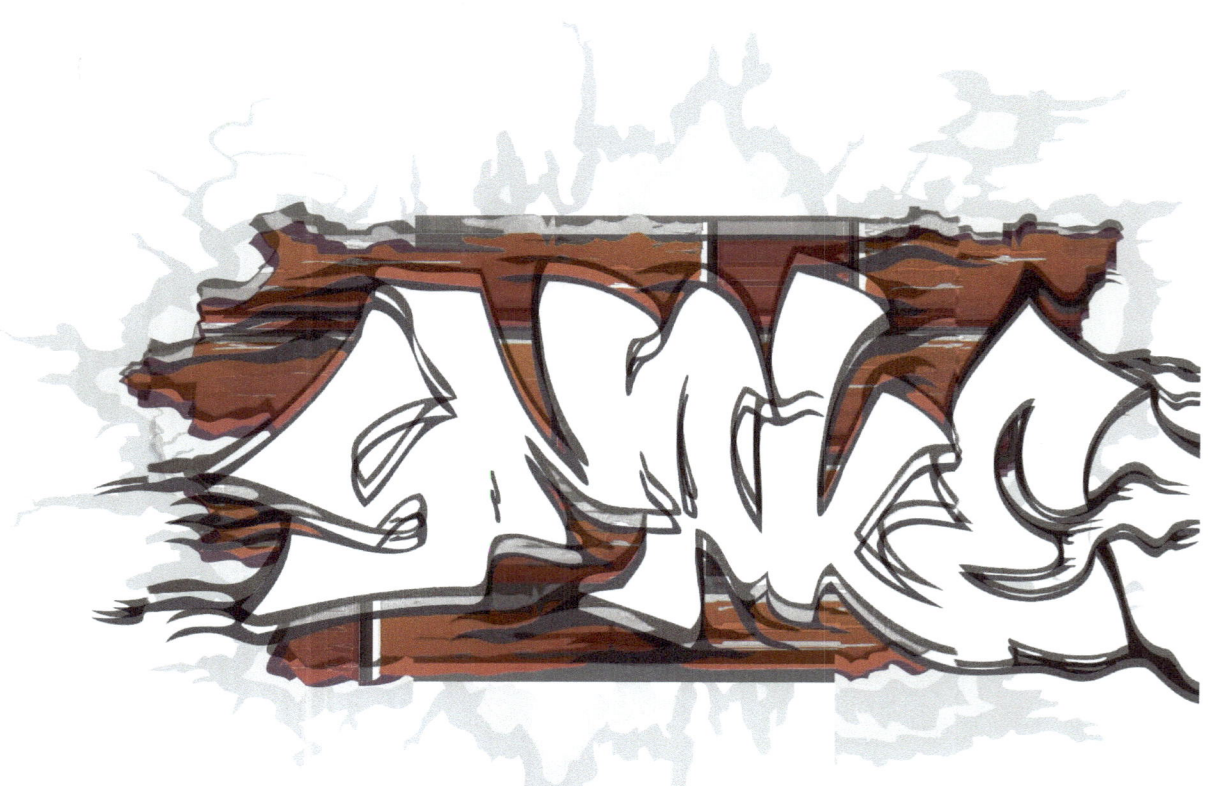

Graffiti Art

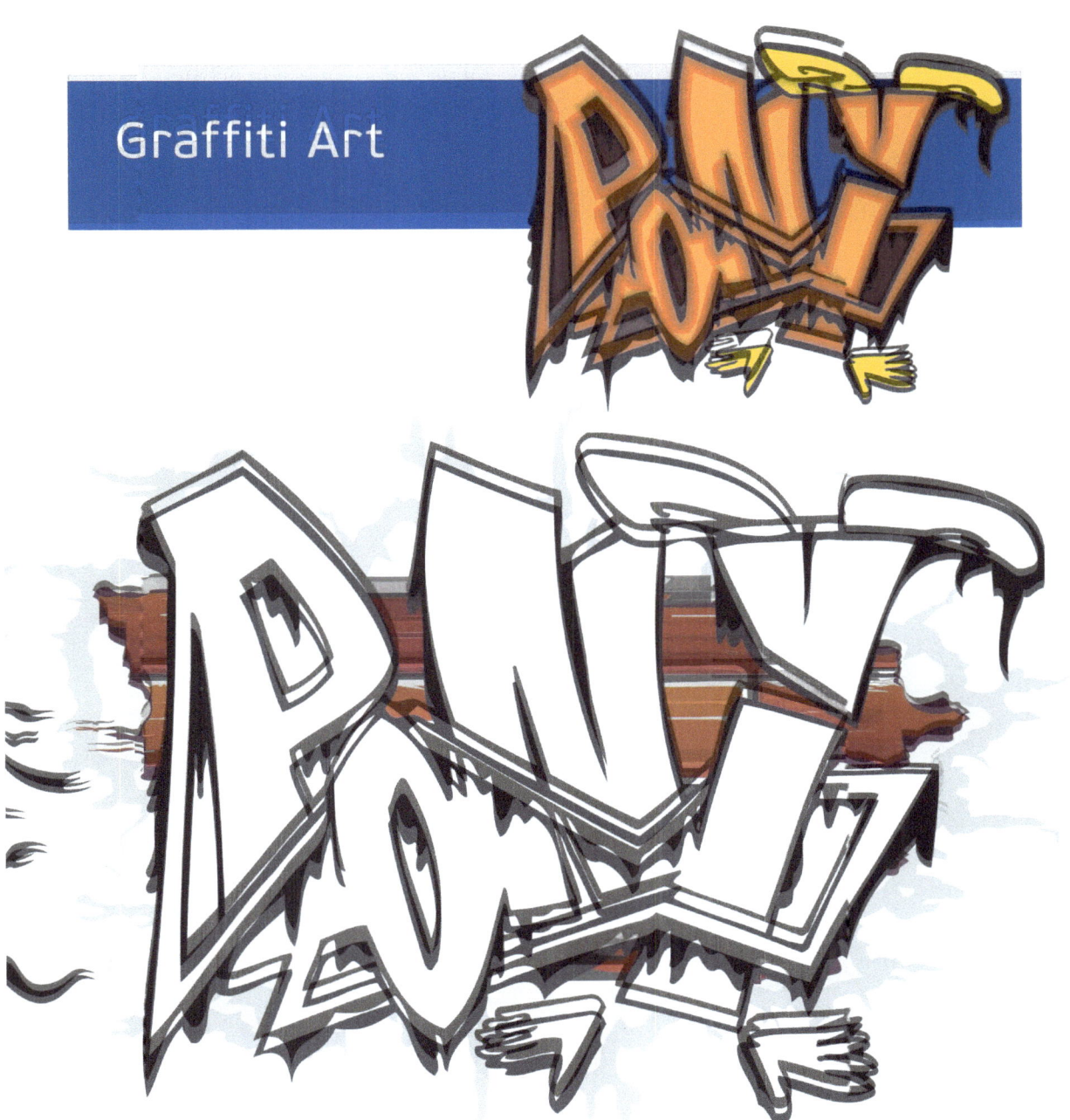

Graffiti Art

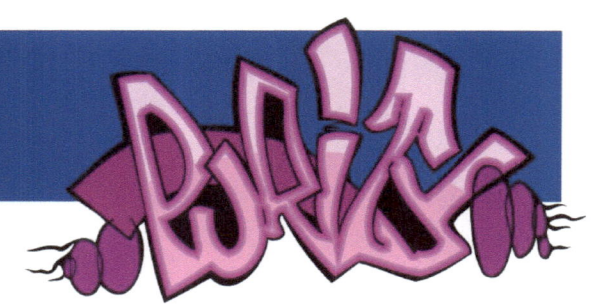

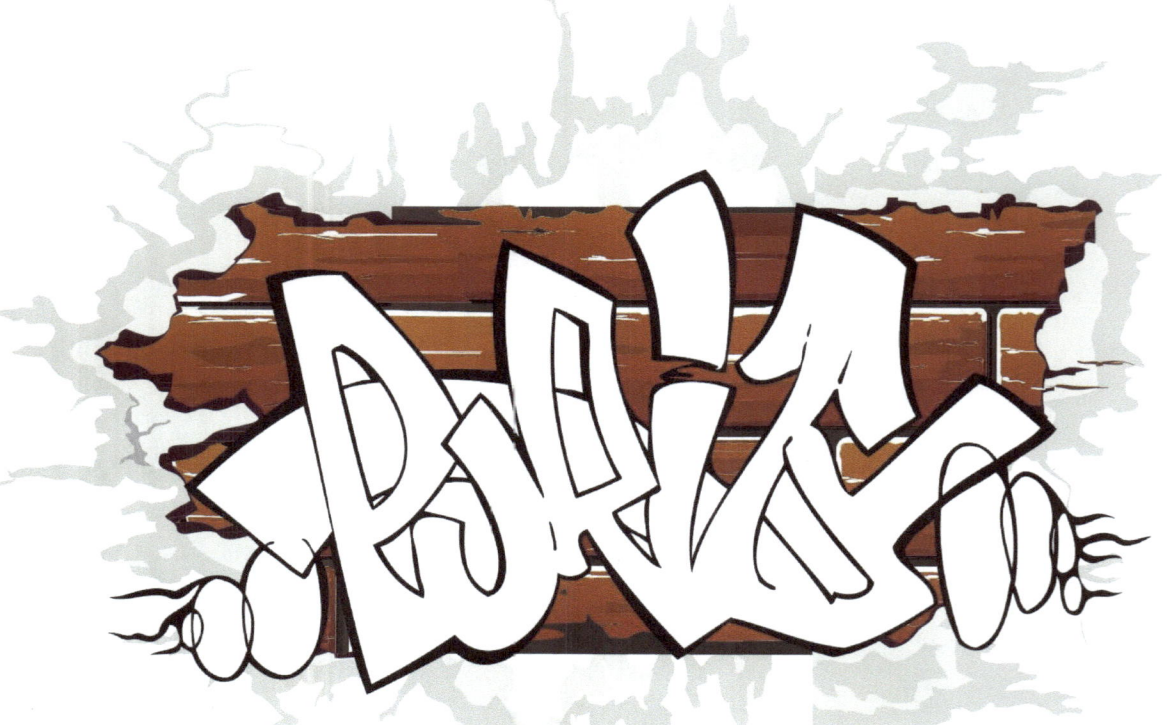

Graffiti Art

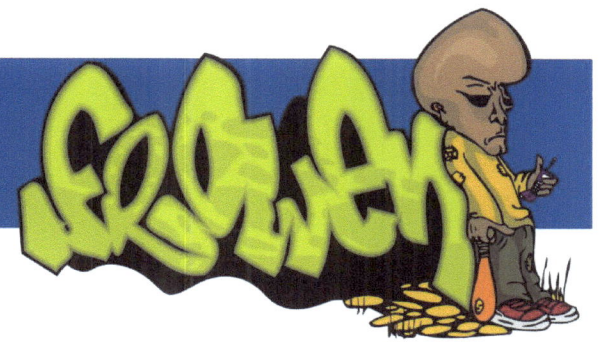

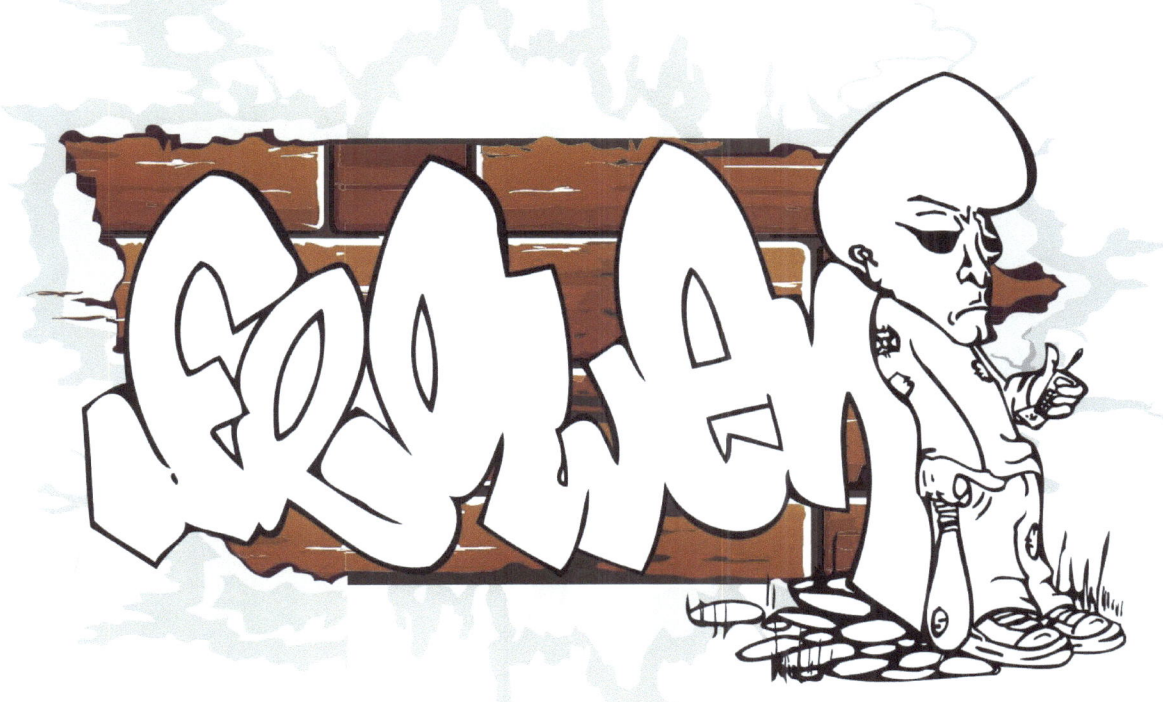

Graffiti Art

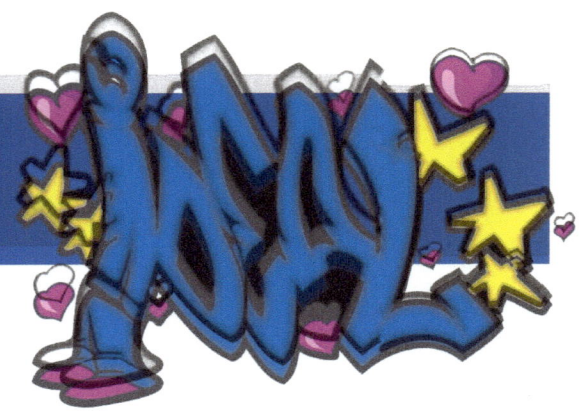

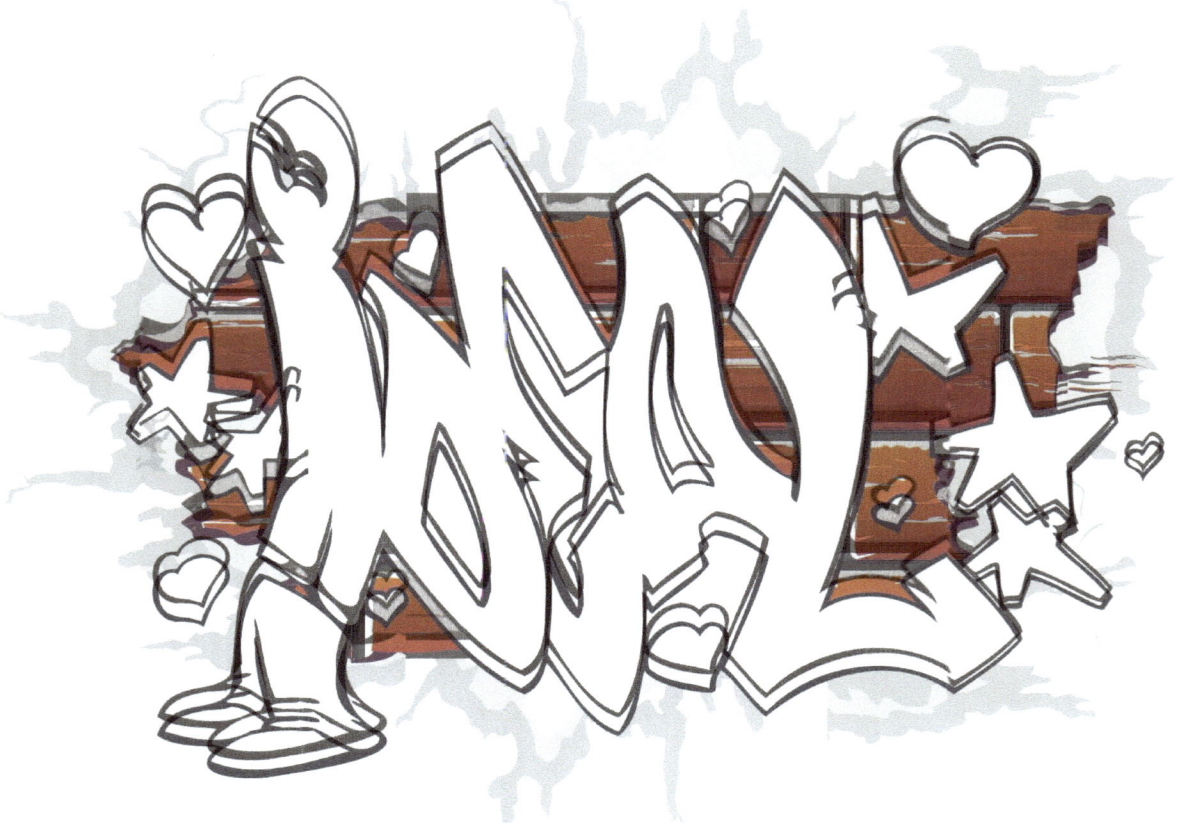

Graffiti Art

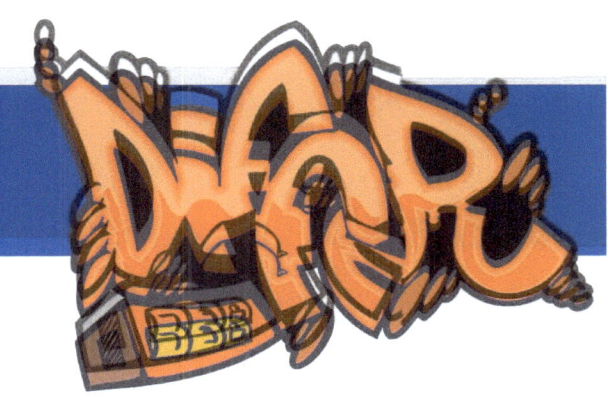

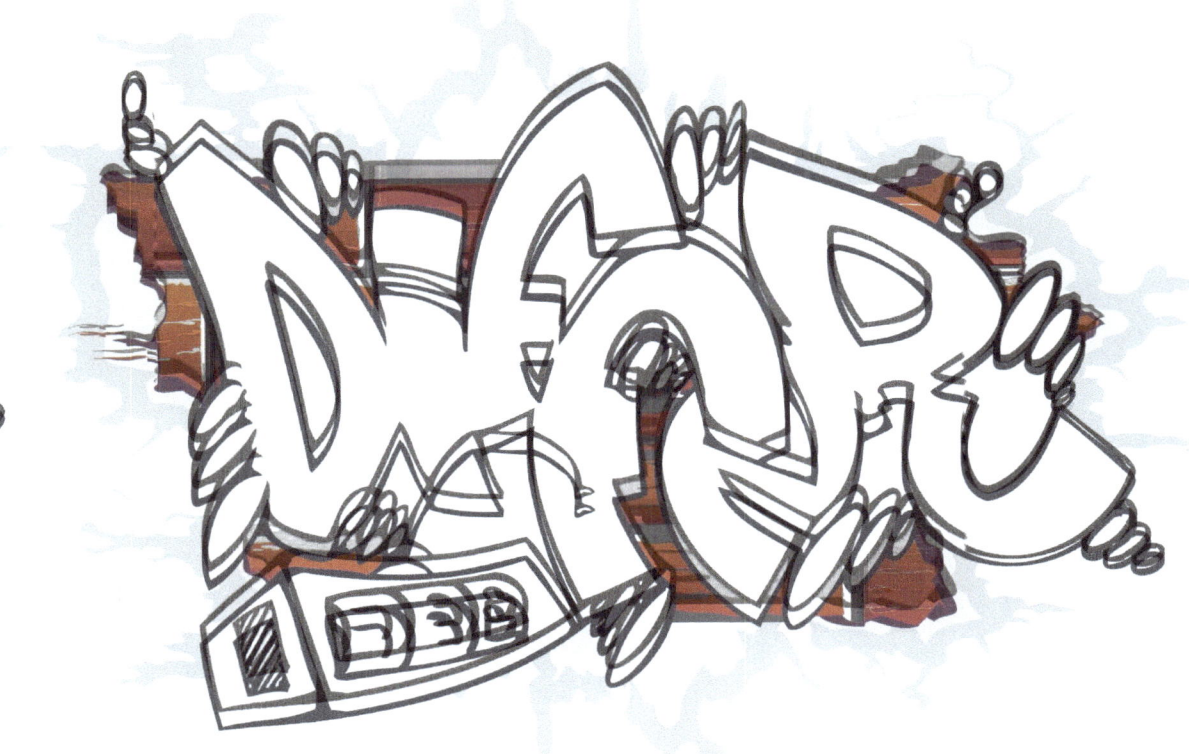

Graffiti Art

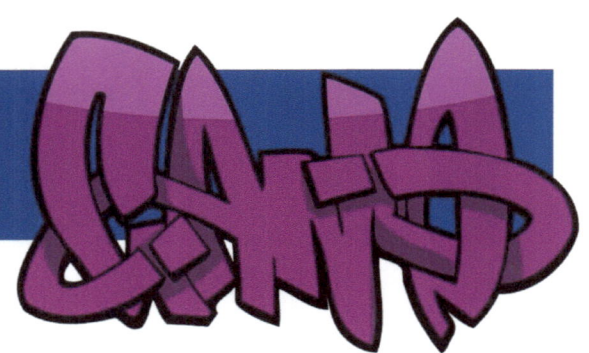

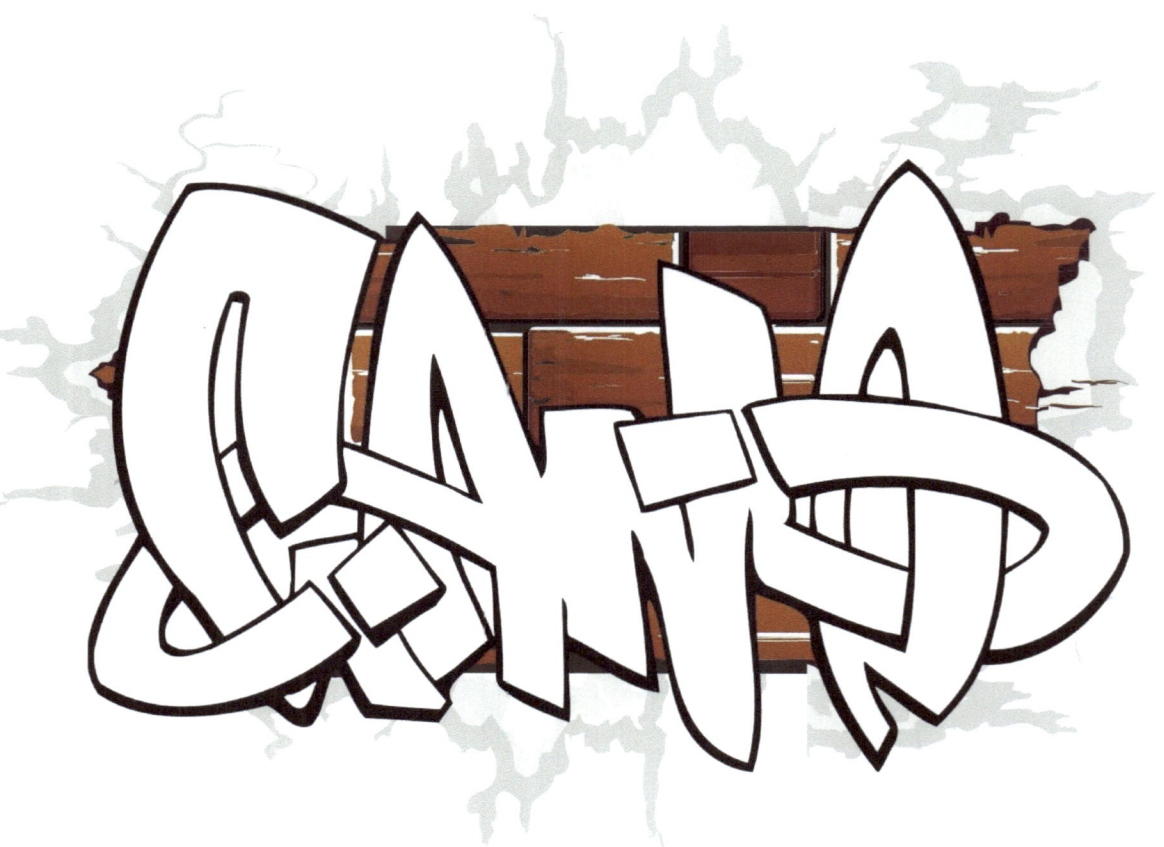

Graffiti Art

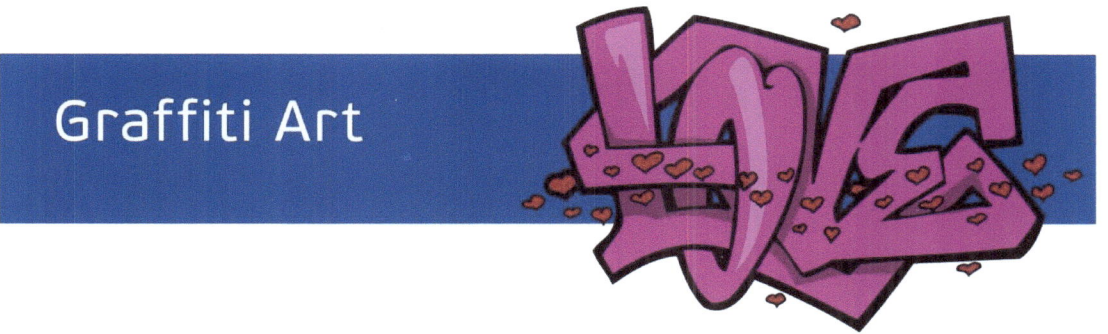

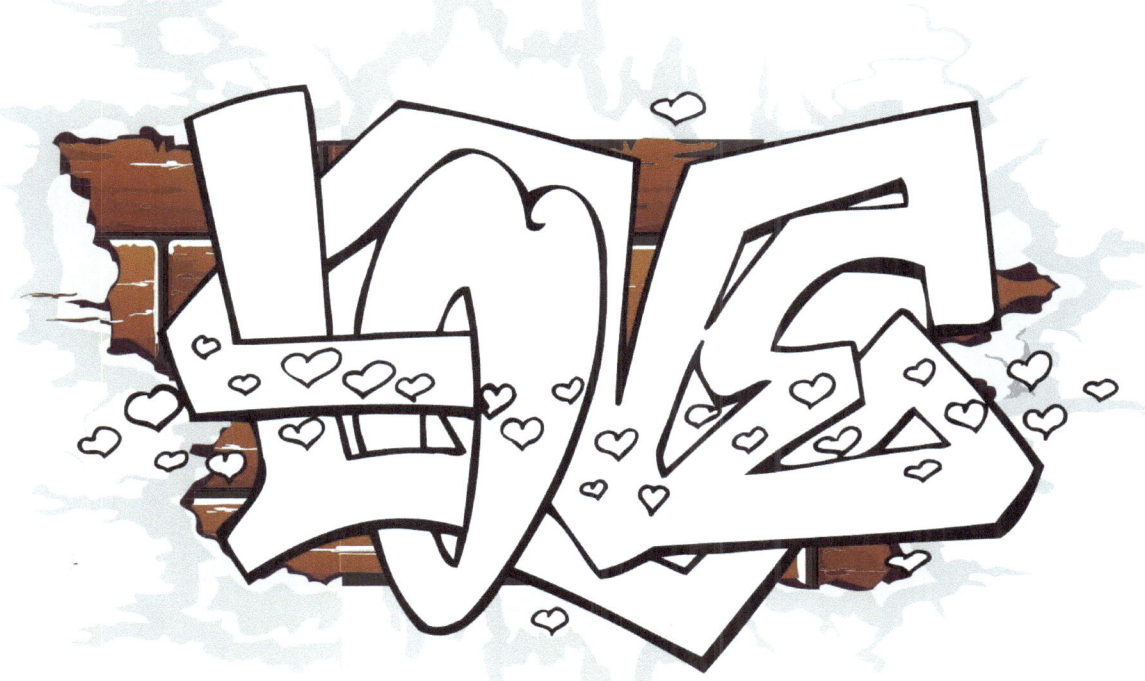

Graffiti Art

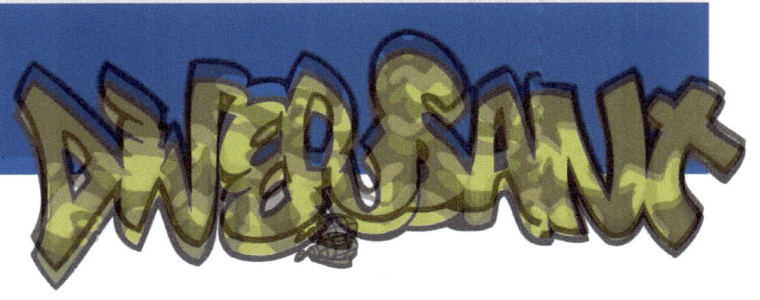

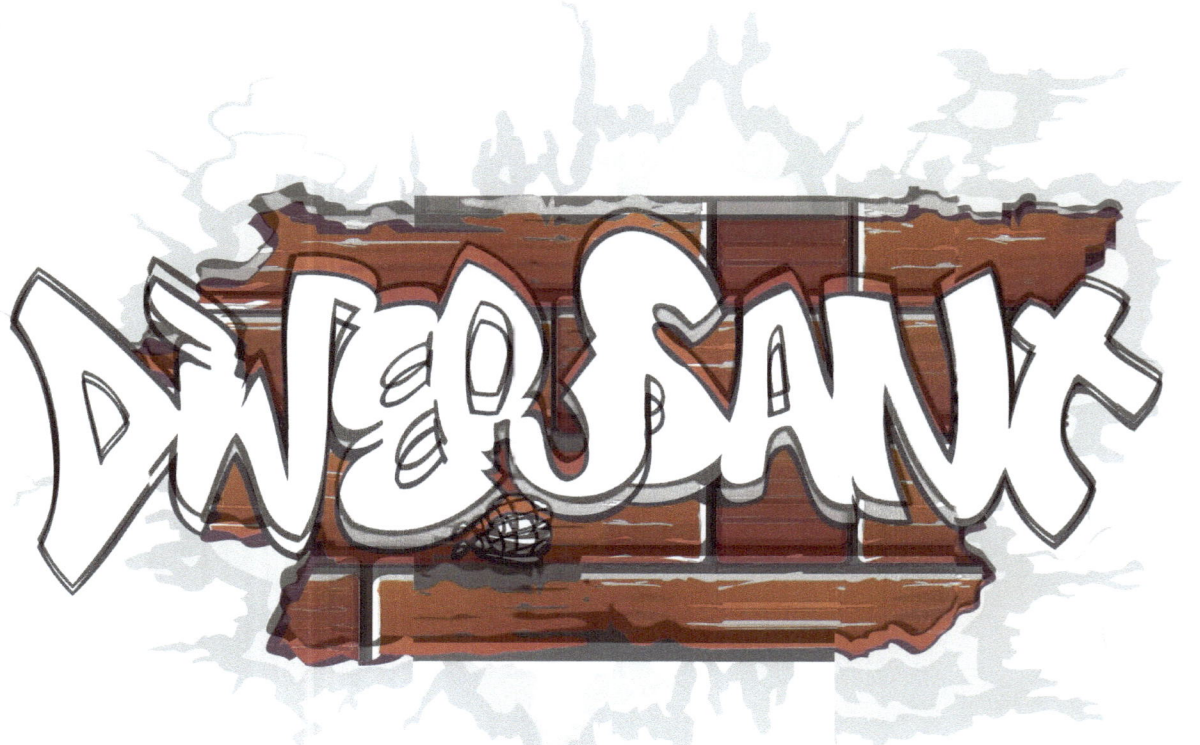

Graffiti Art

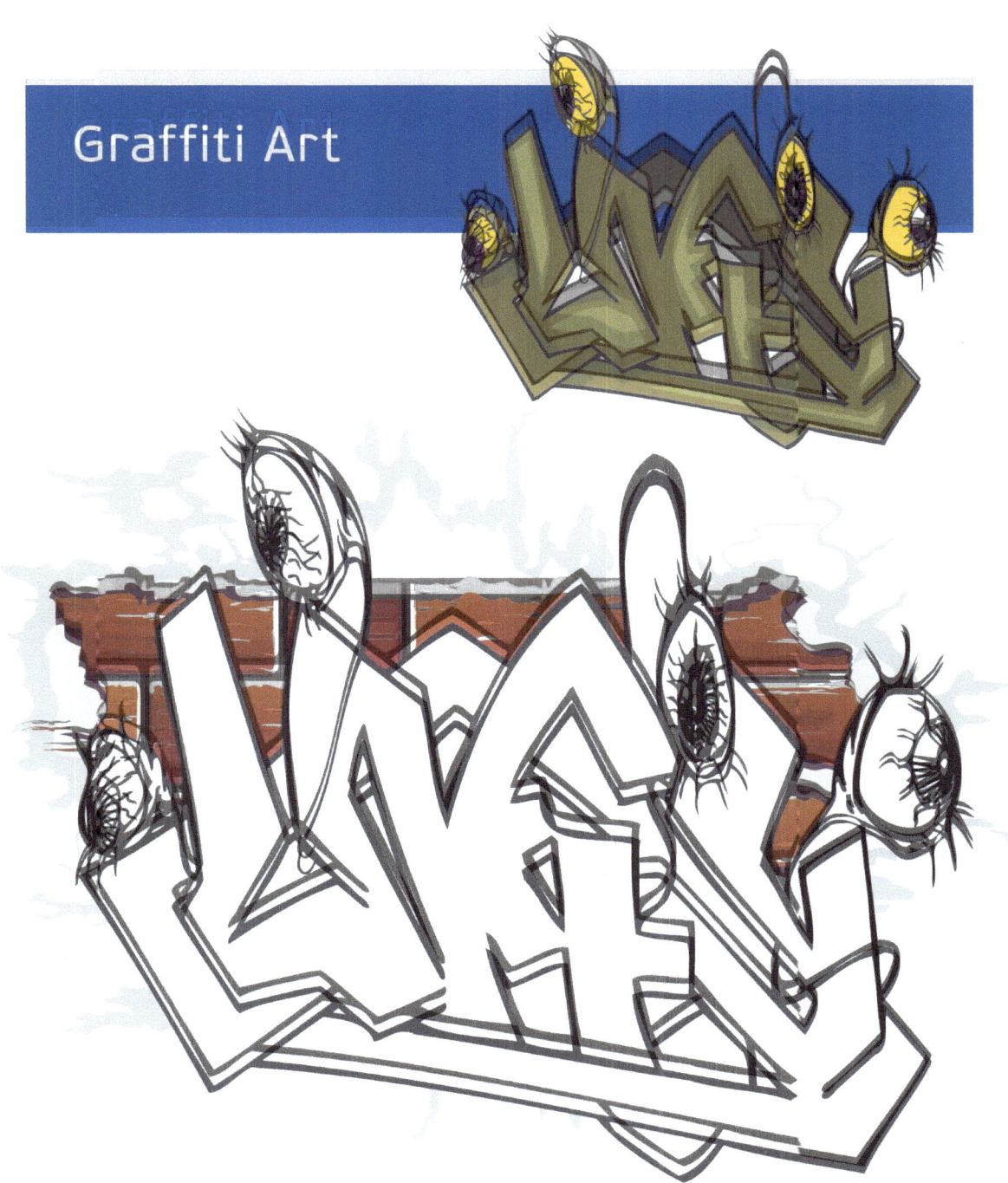

Graffiti Art

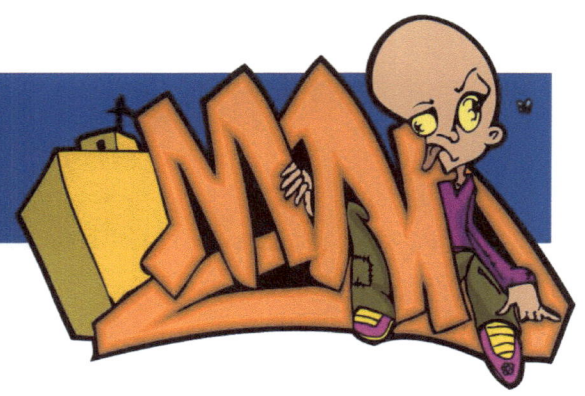

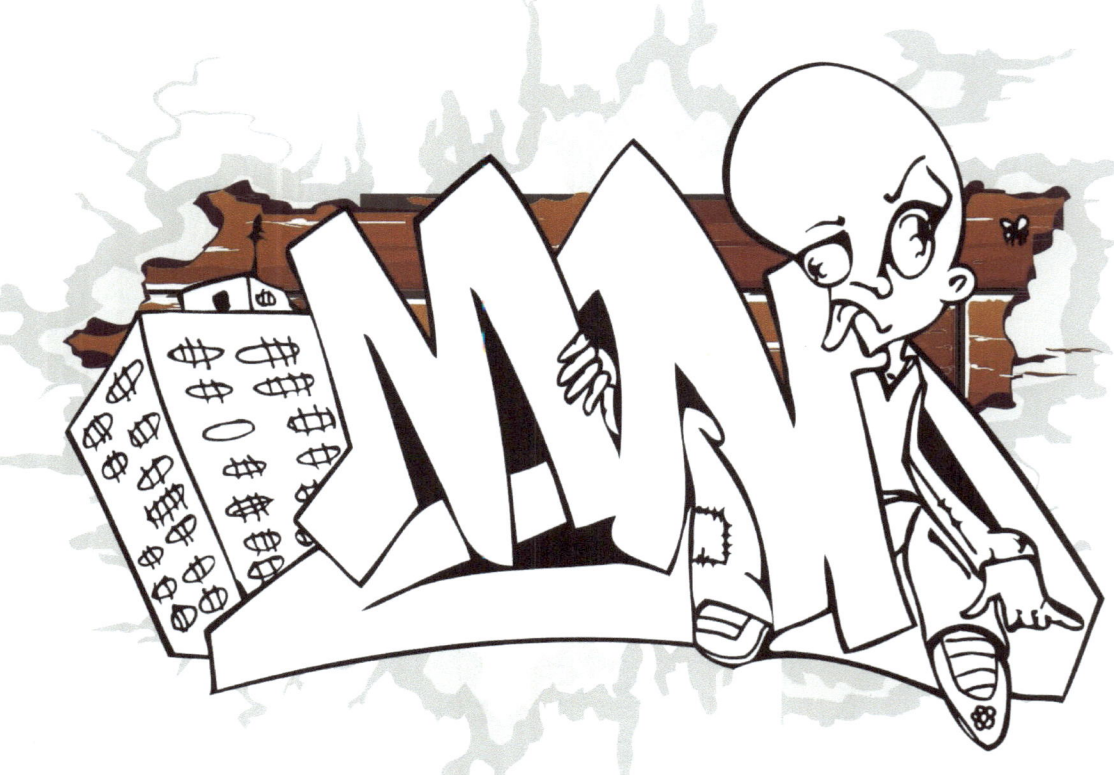

Graffiti Art

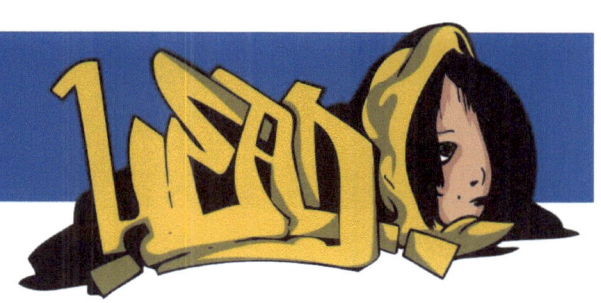

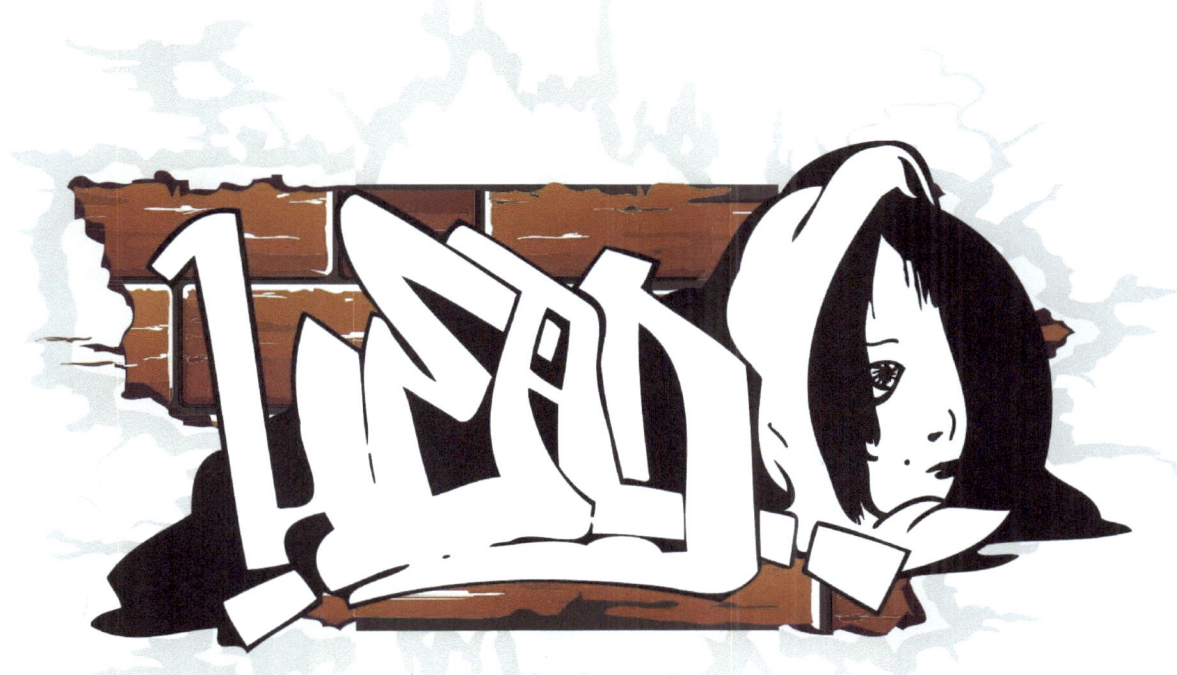

Graffiti Art

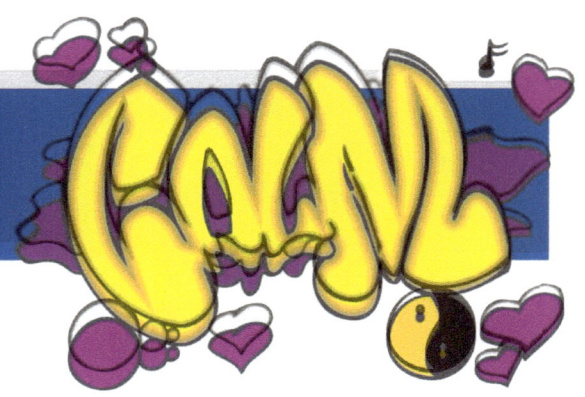

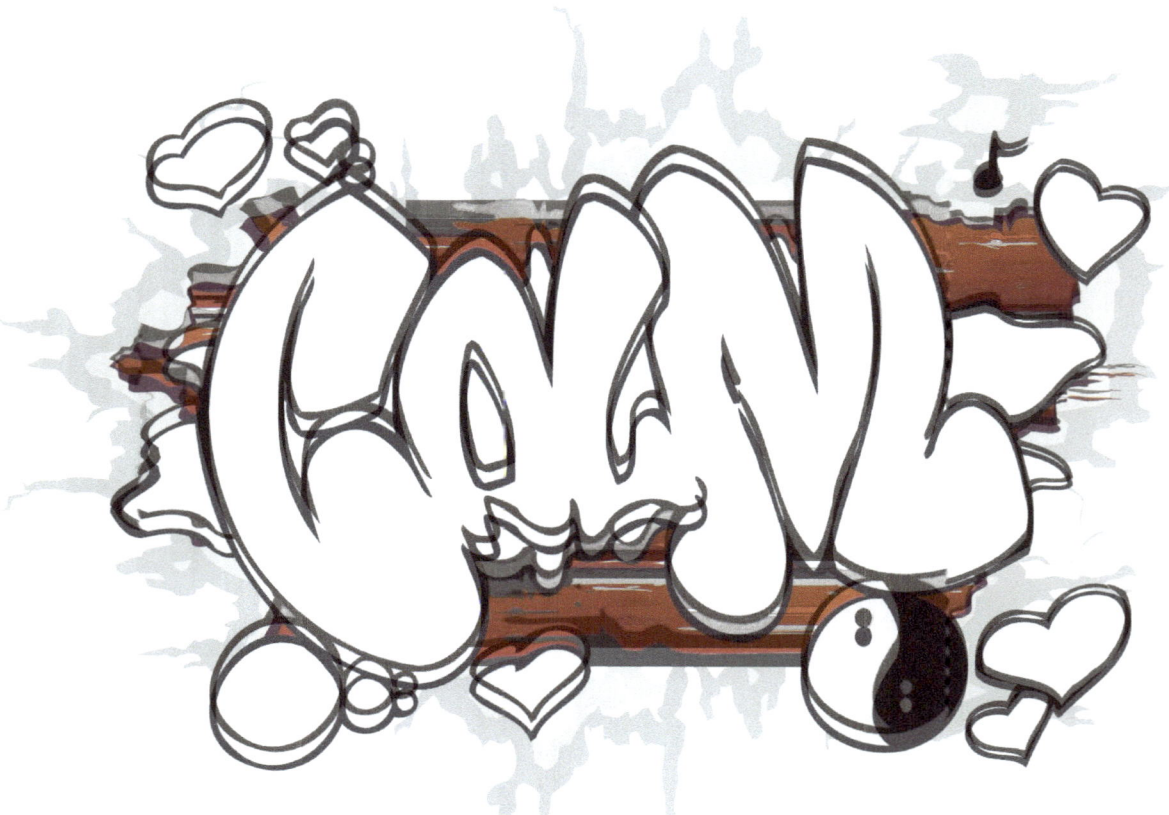

Graffiti Art

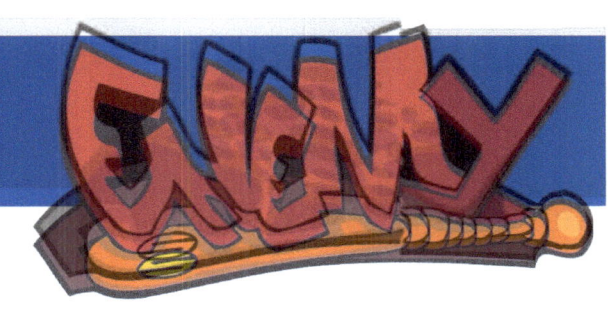

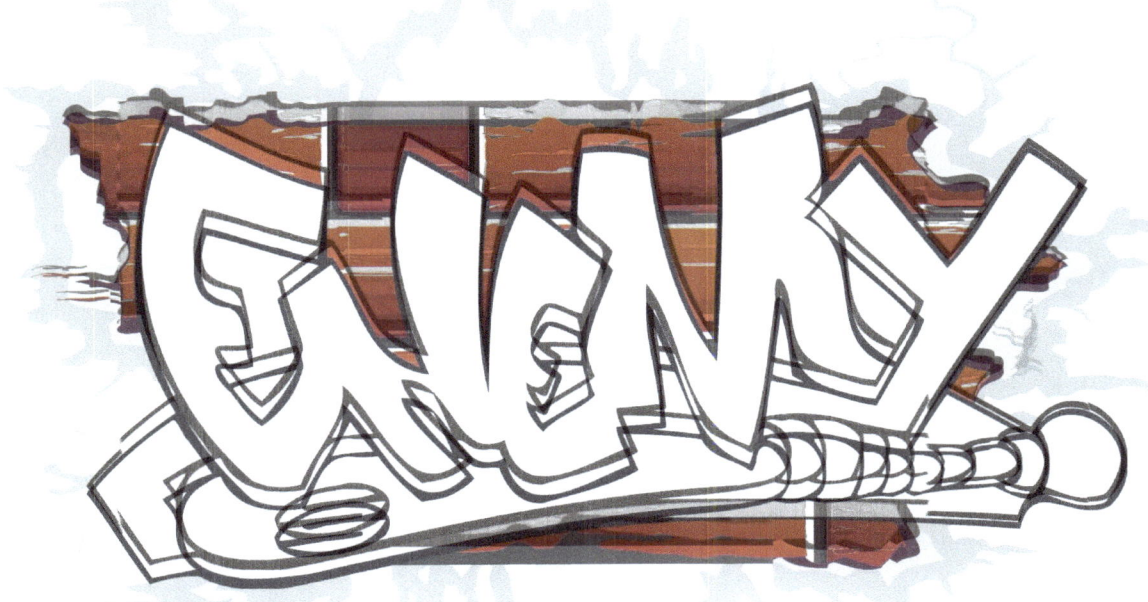

Graffiti Art

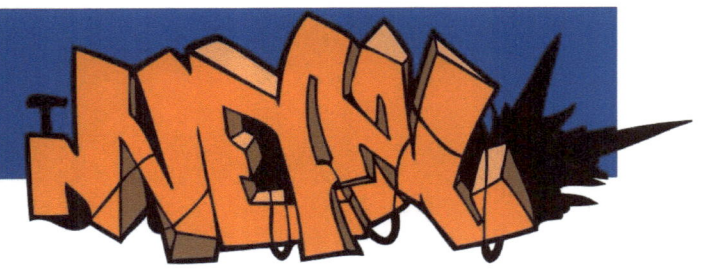

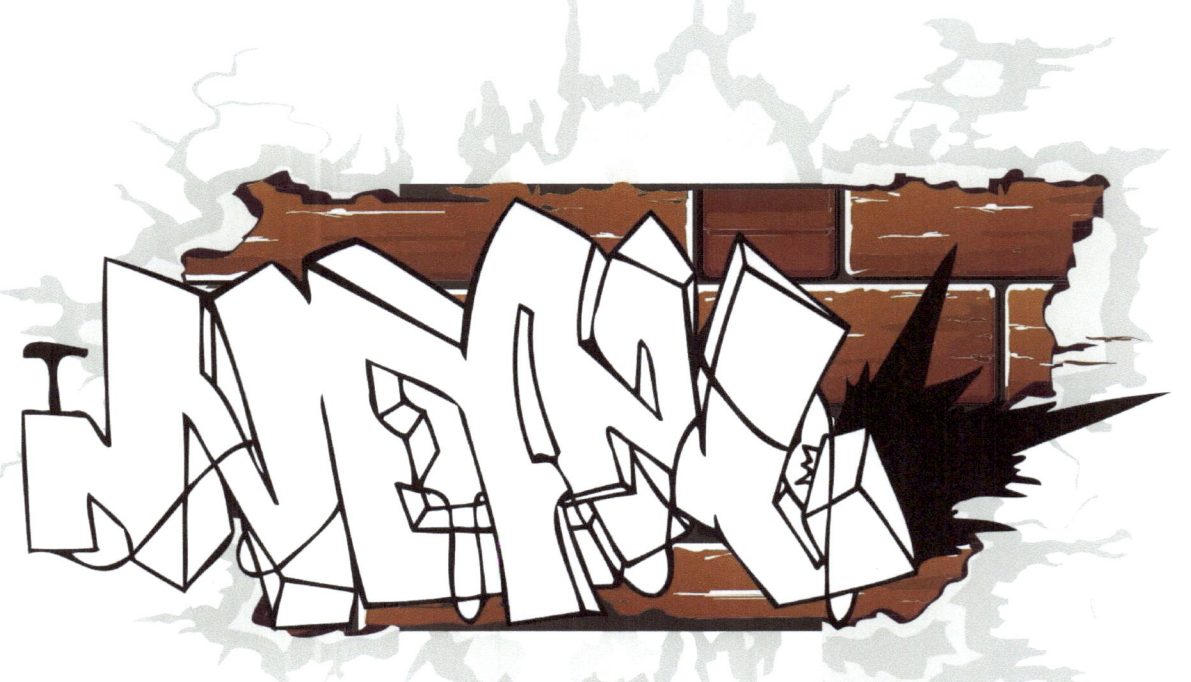

Graffiti Art

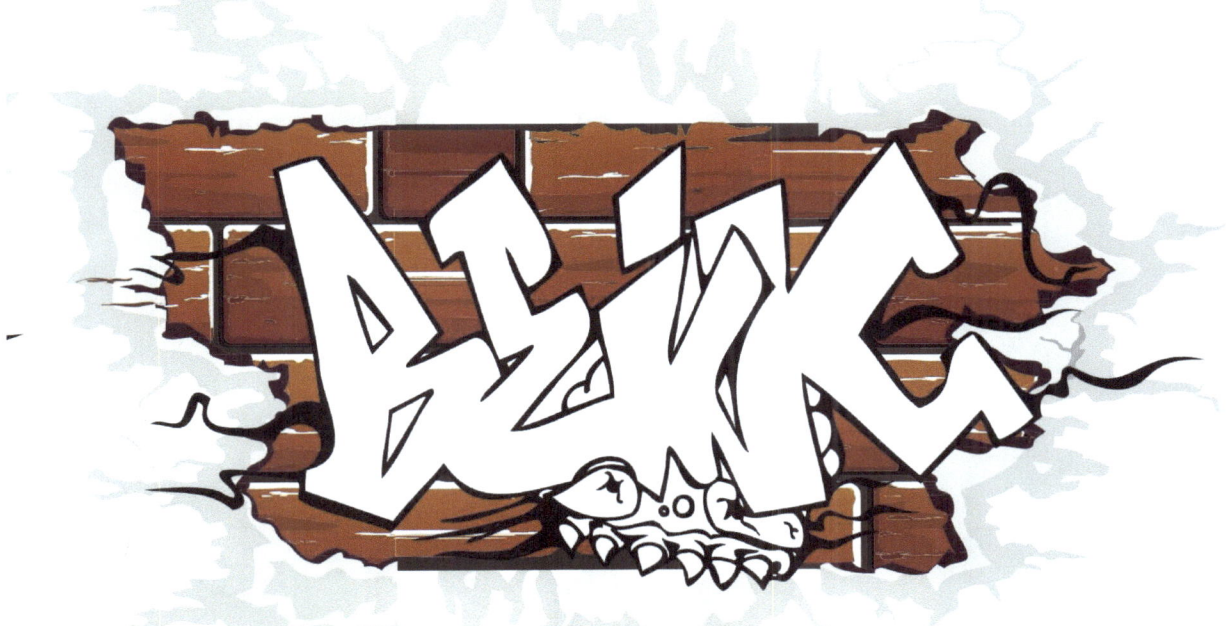

Graffiti Art

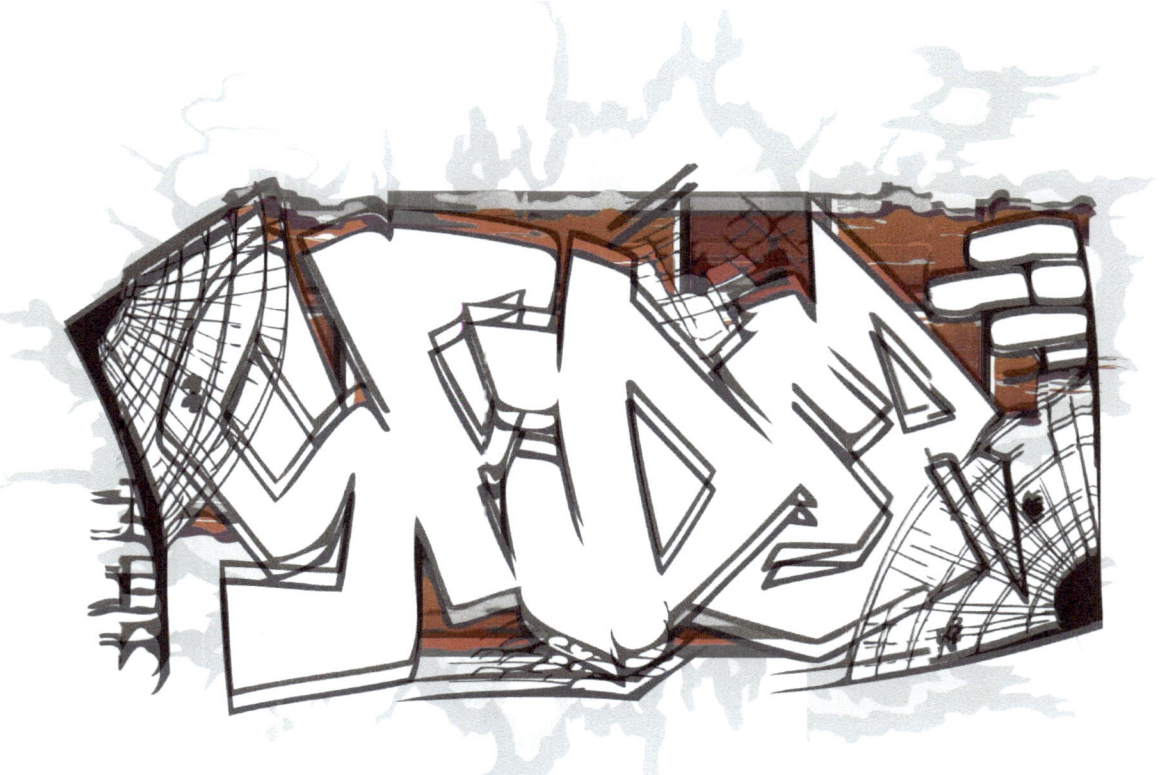

Graffiti Art

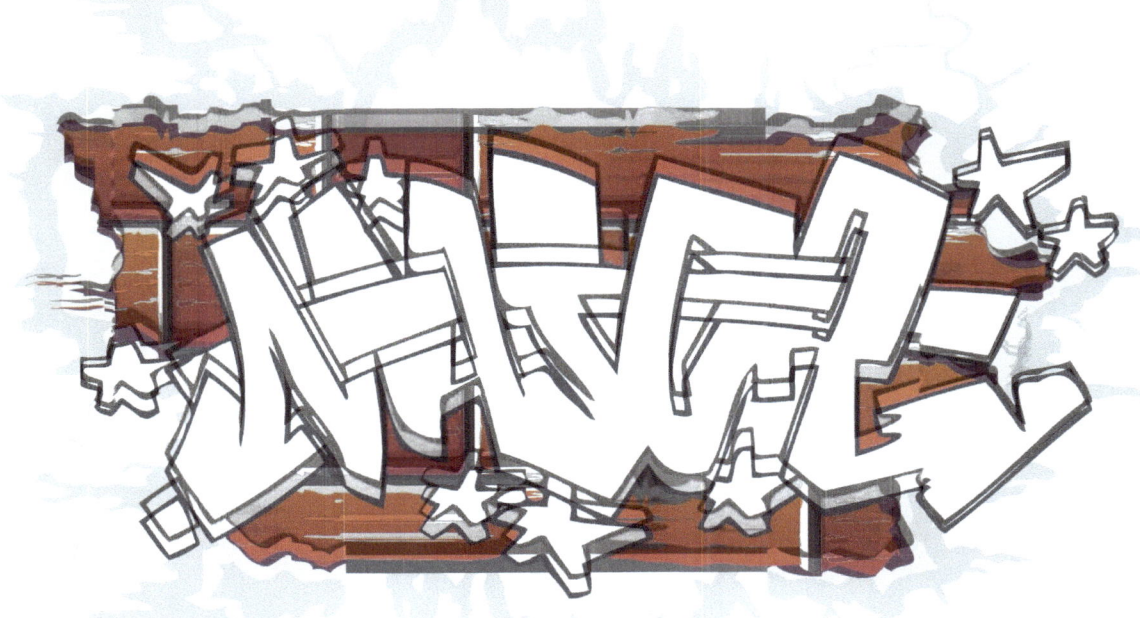

Graffiti Art

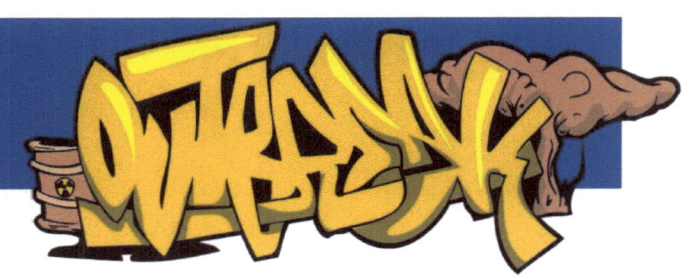

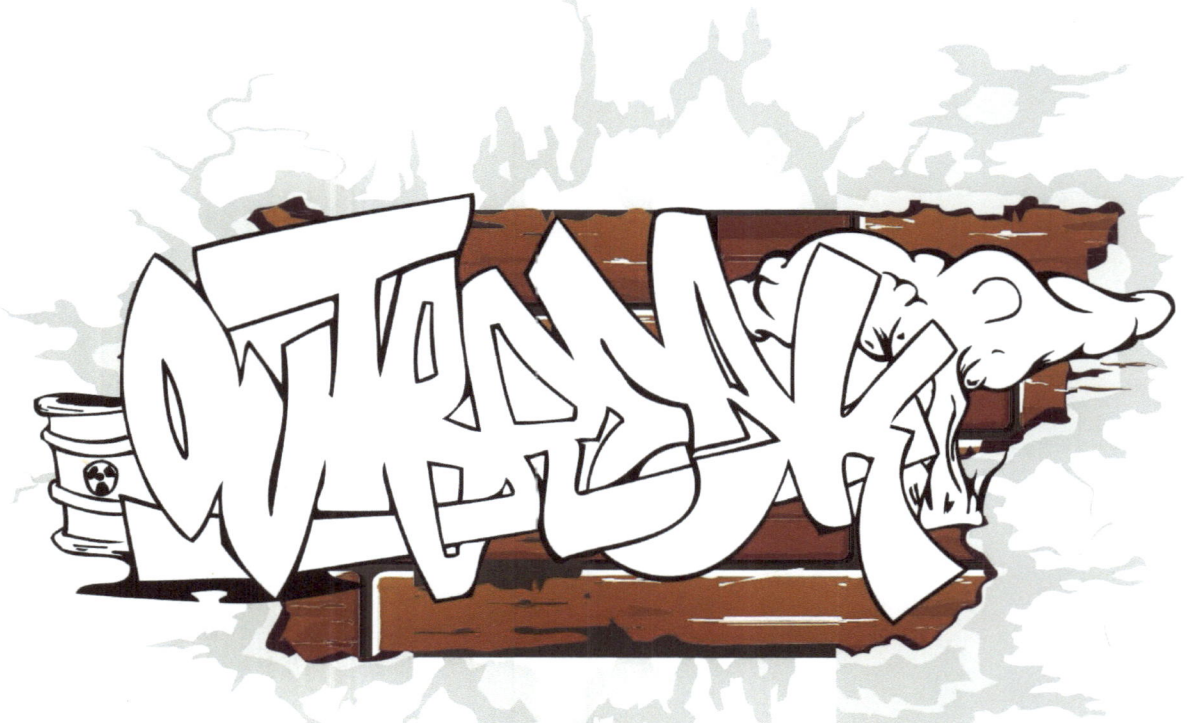

Graffiti Art

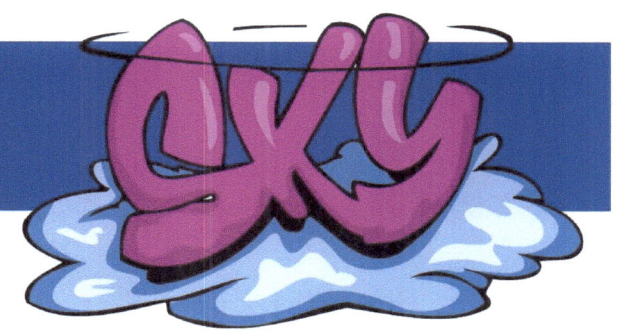

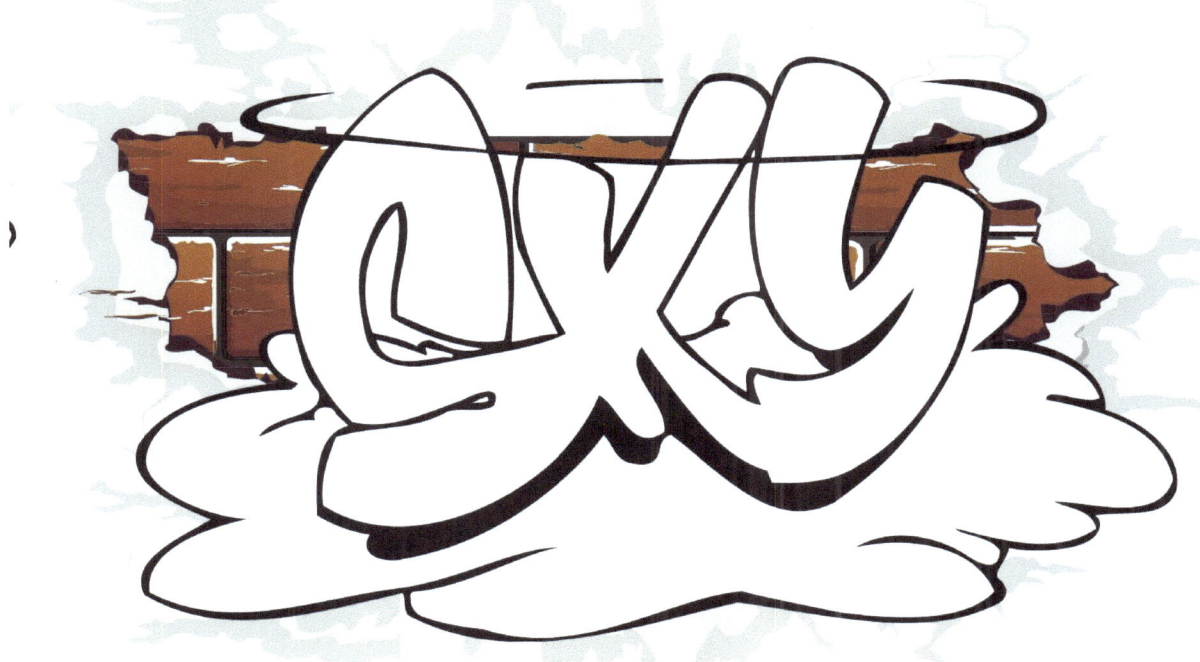

Graffiti Art

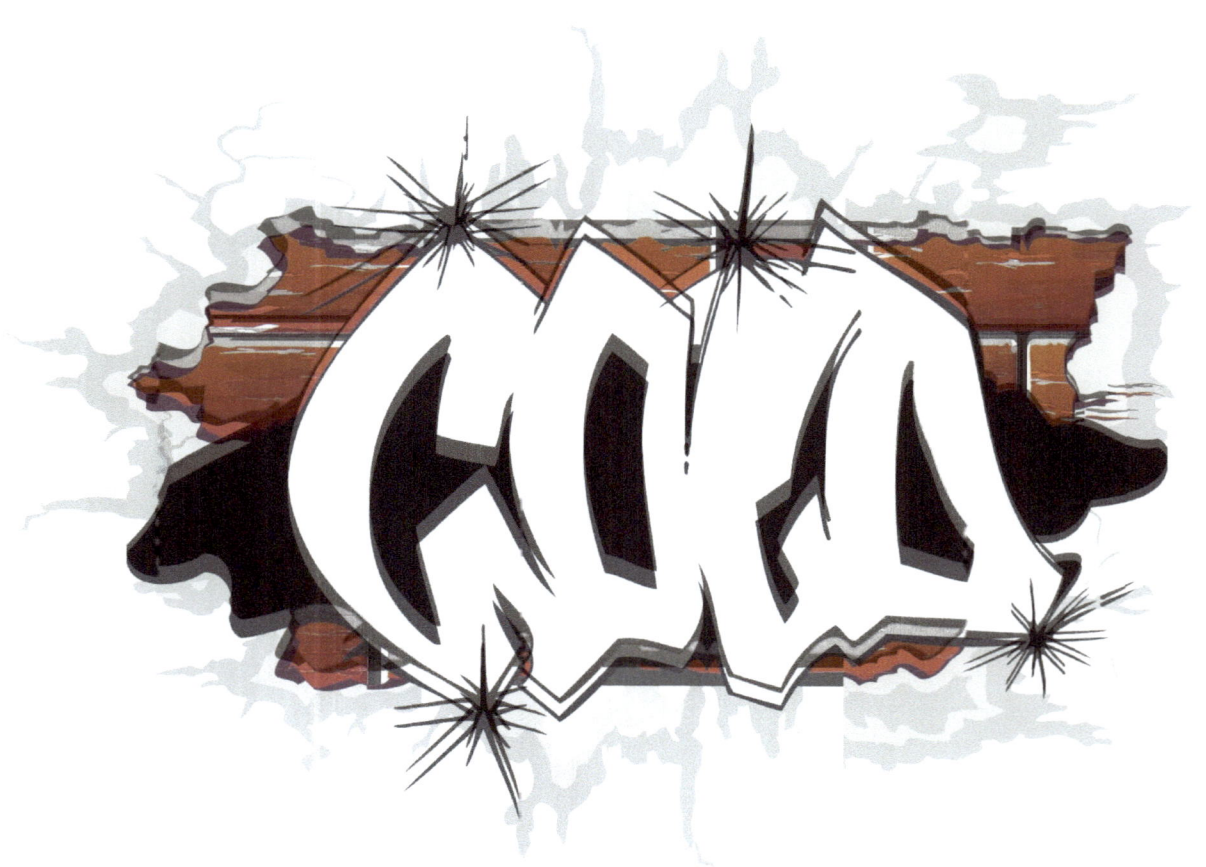

Graffiti Art

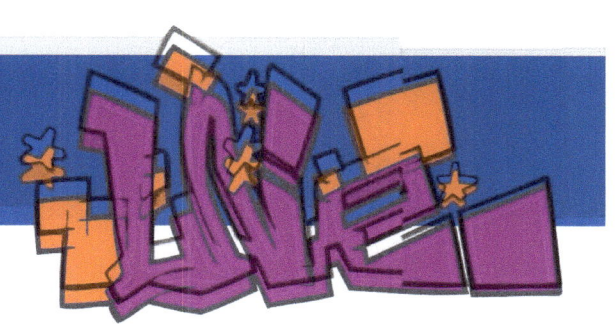

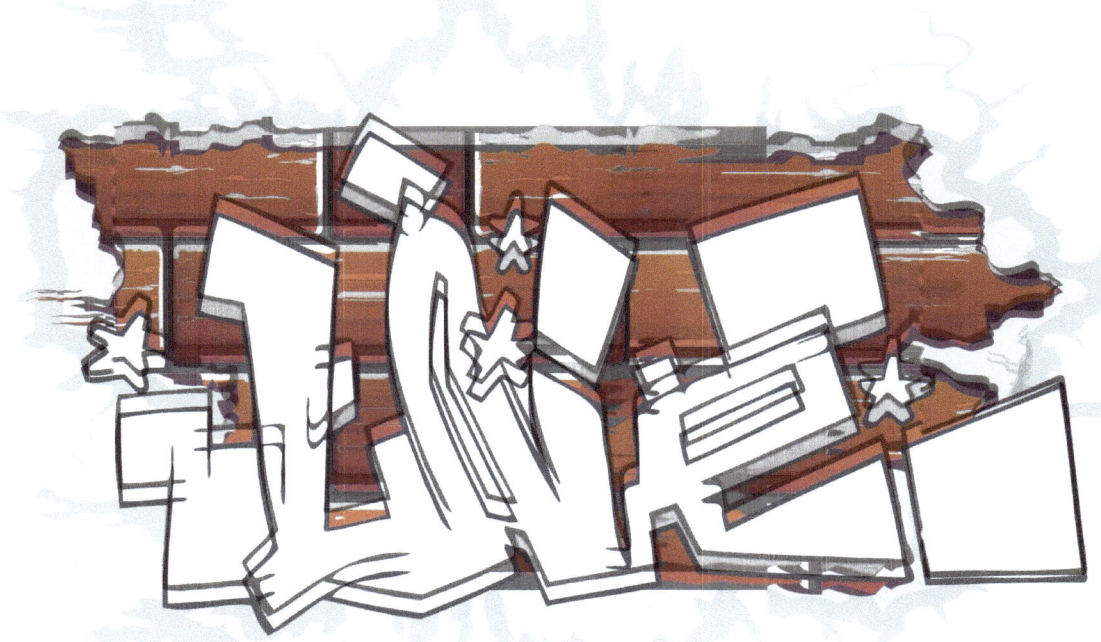

Graffiti Art

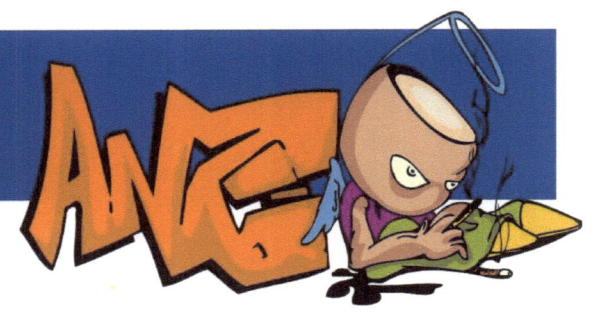

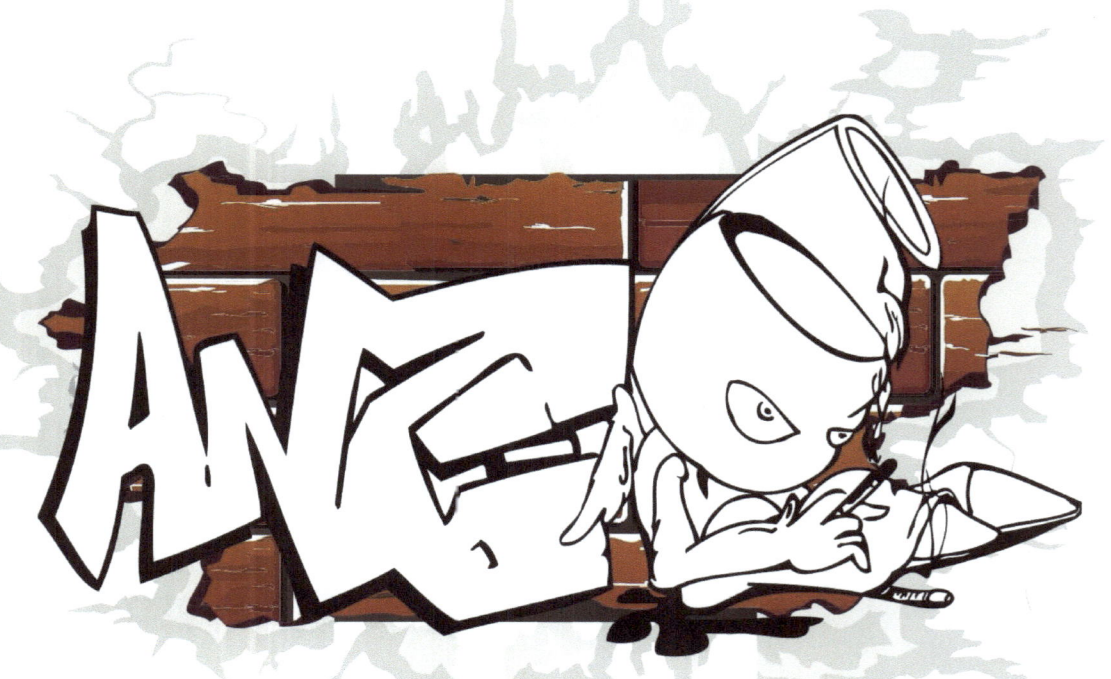

Graffiti Art

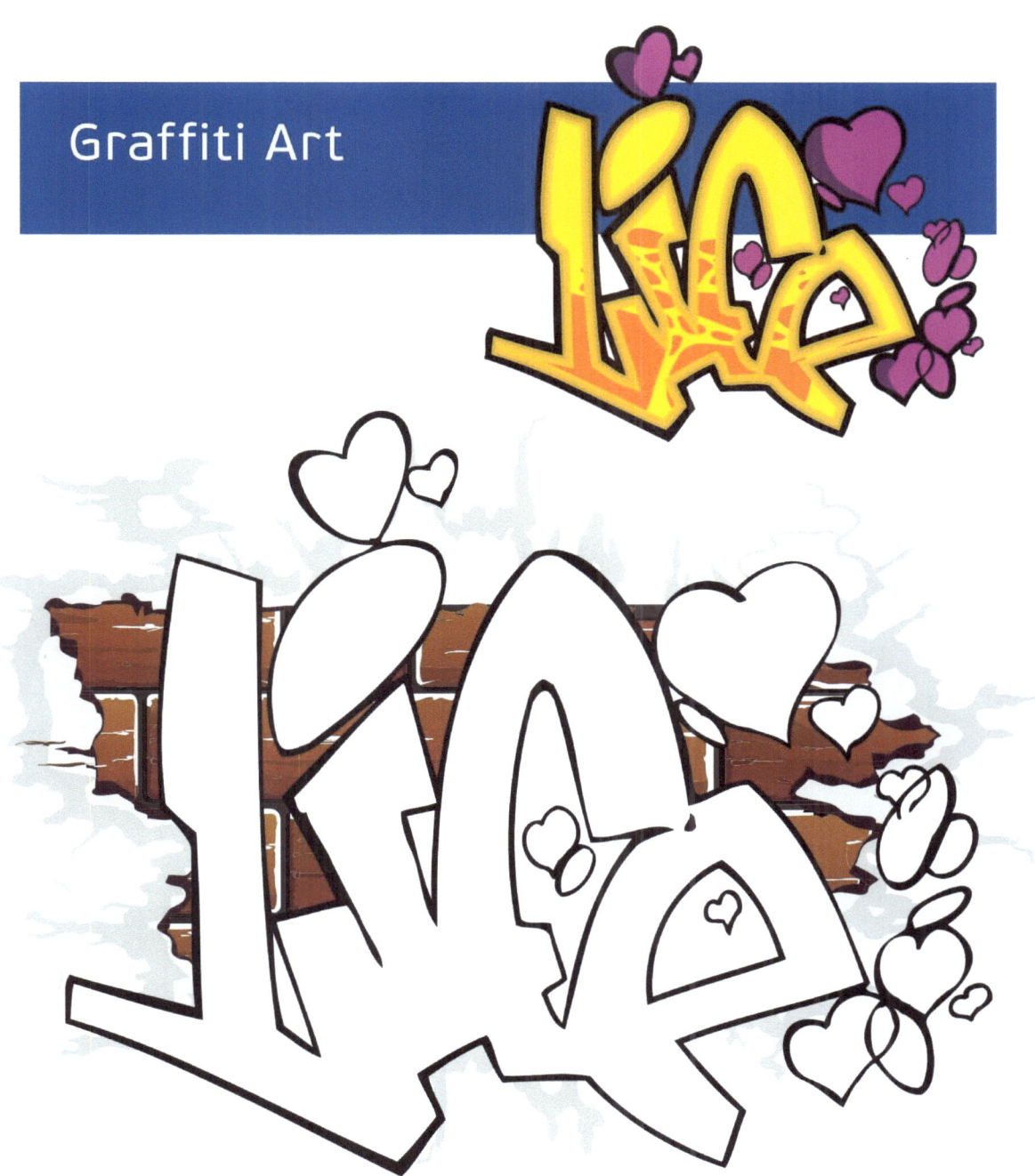

Graffiti Art

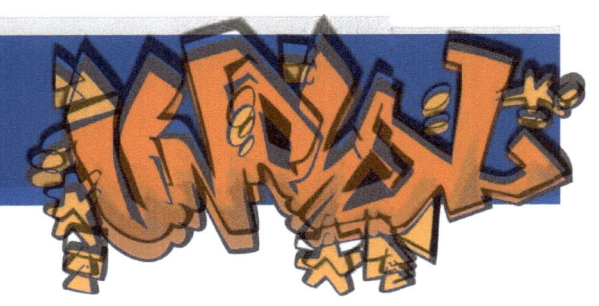

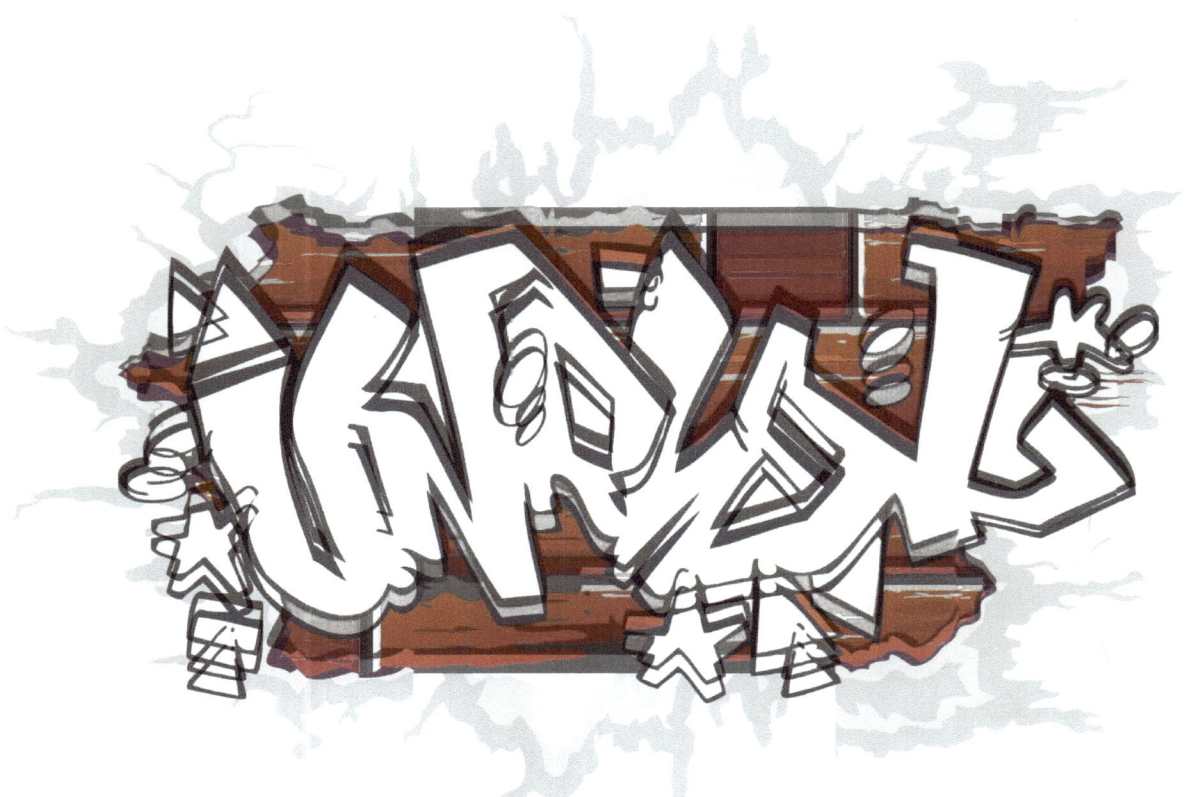

Graffiti Art

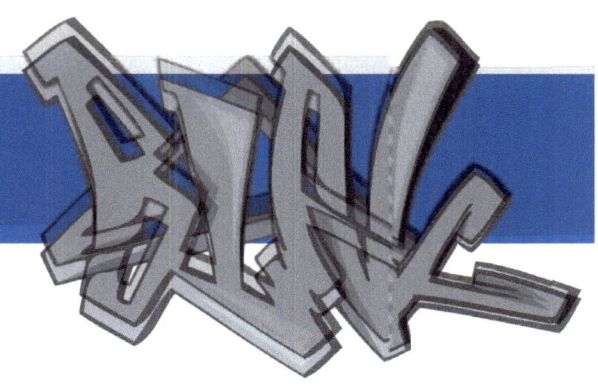

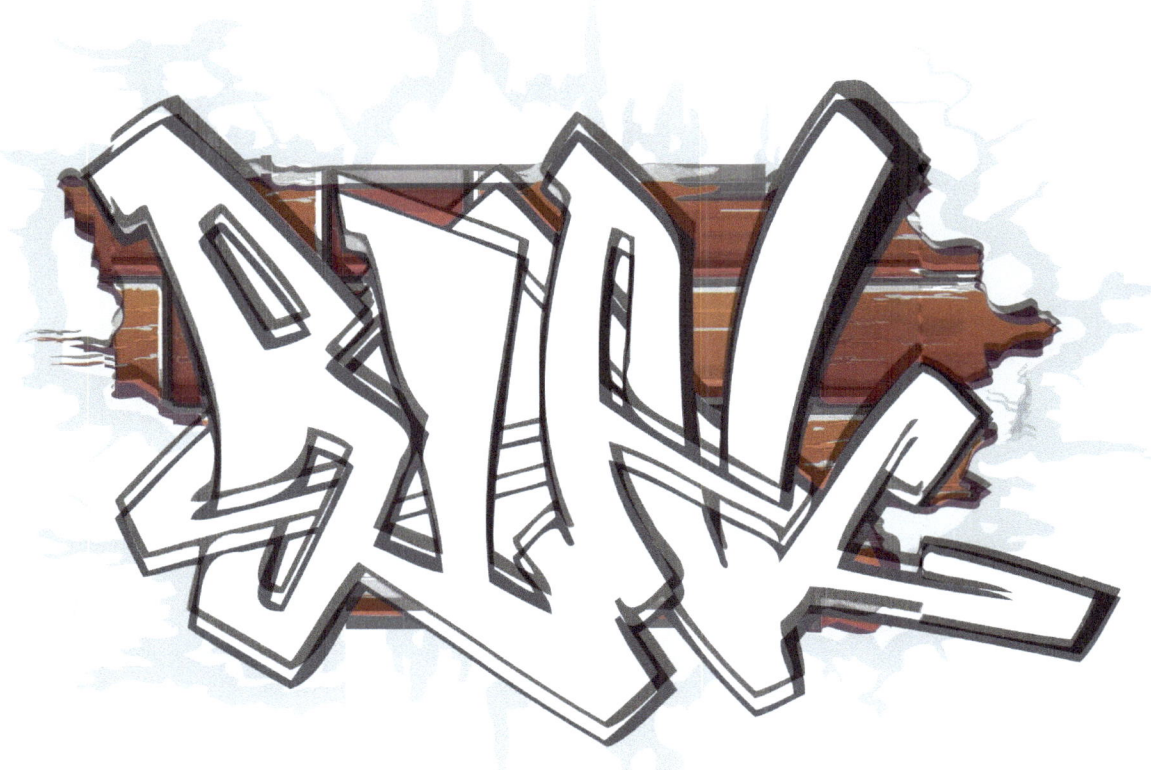

Graffiti Art

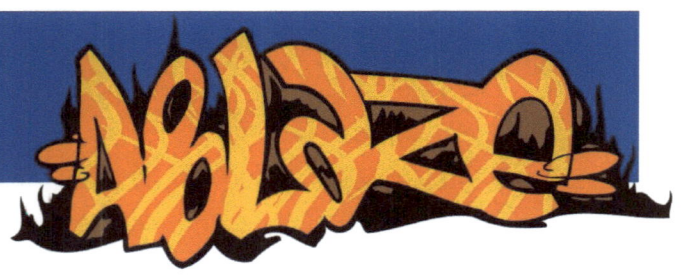

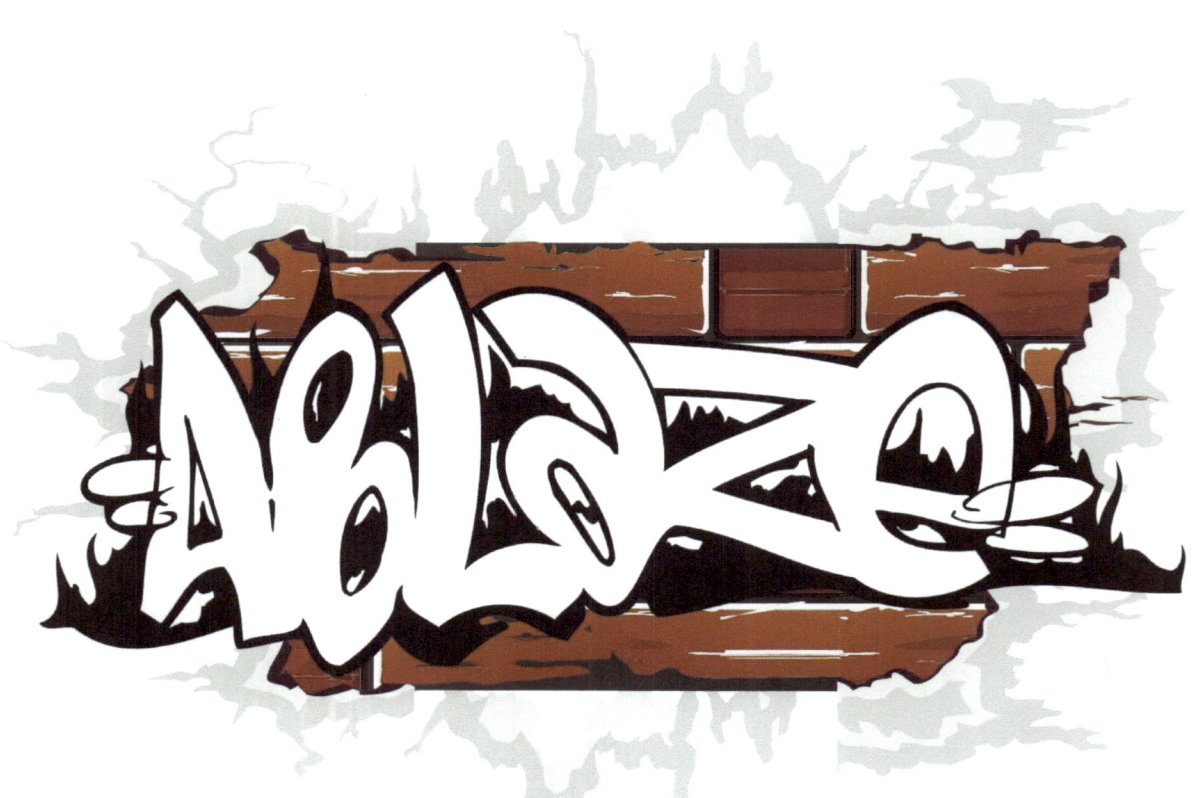

Graffiti Art

Graffiti Art

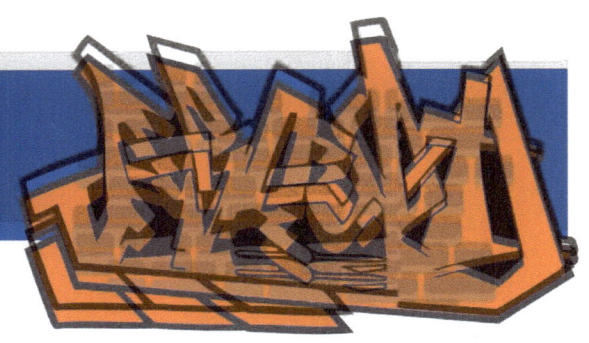

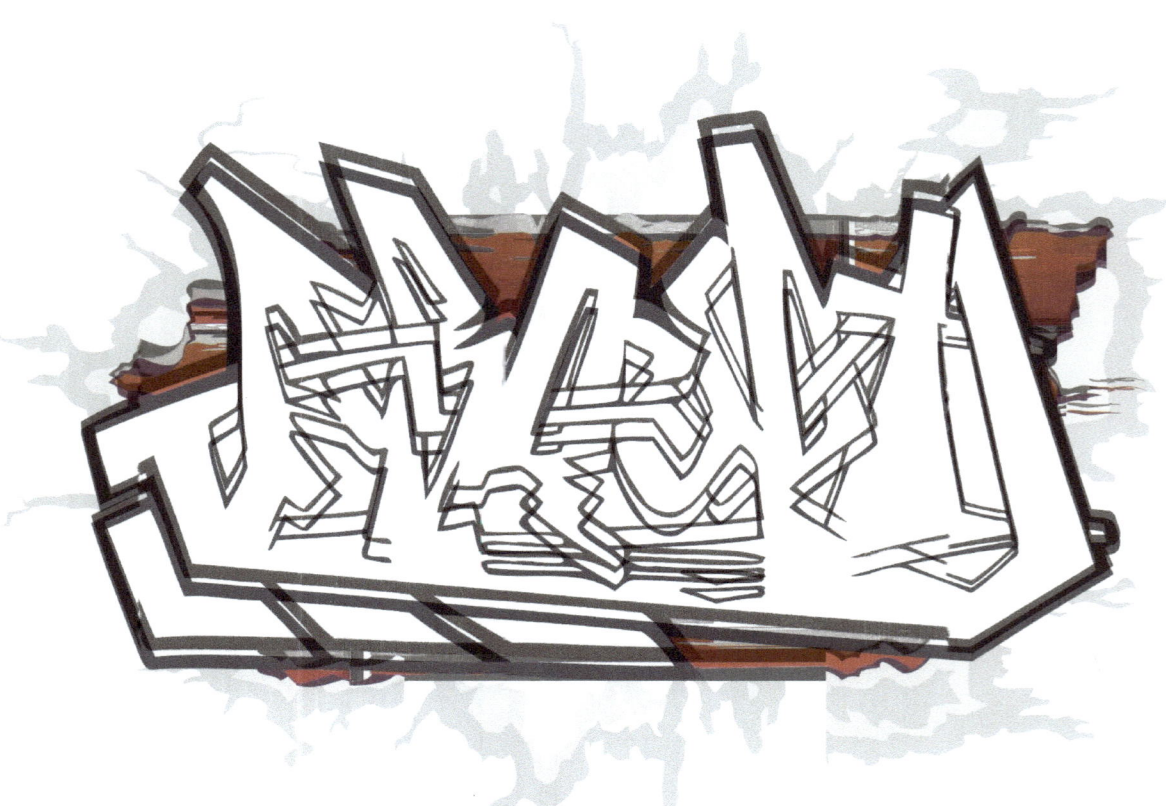

Graffiti Art

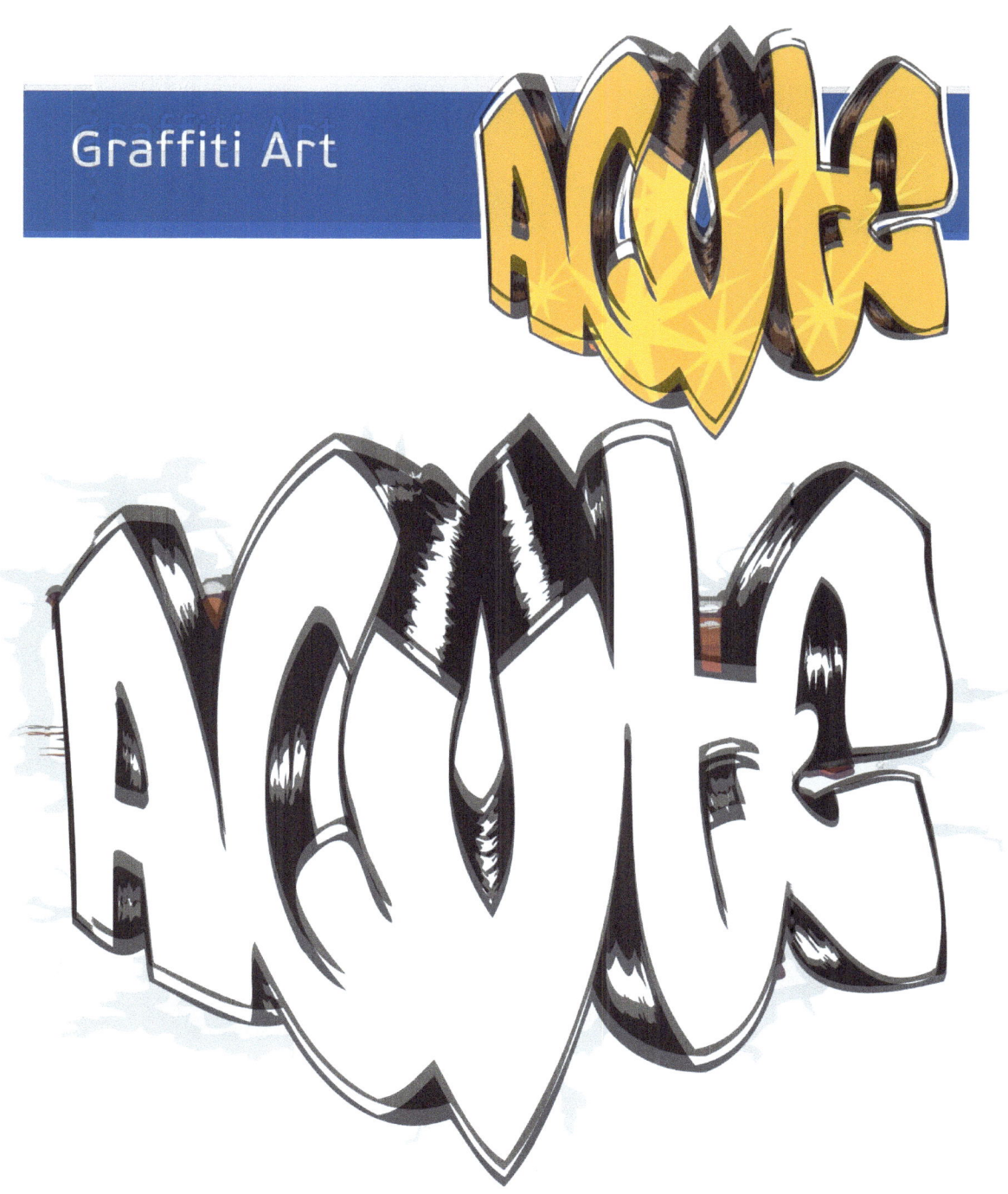

Graffiti Art

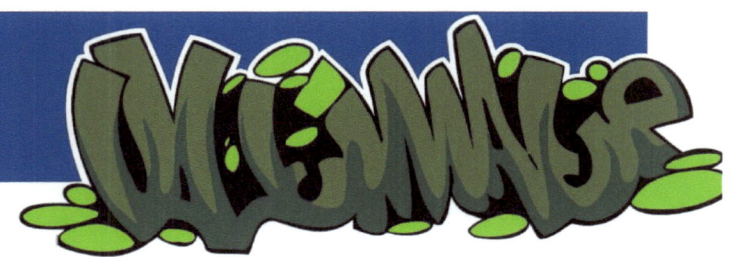

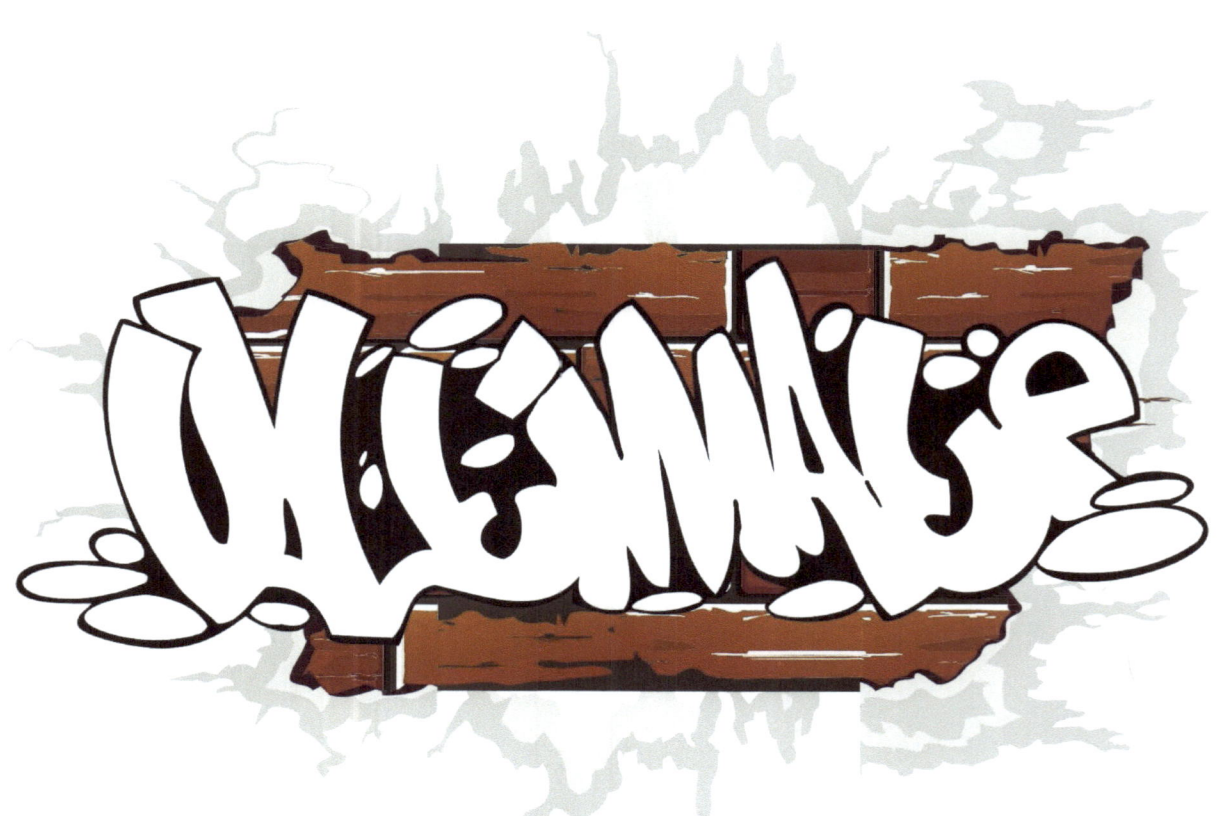

Graffiti Art

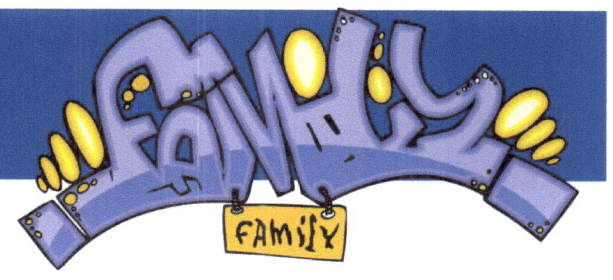

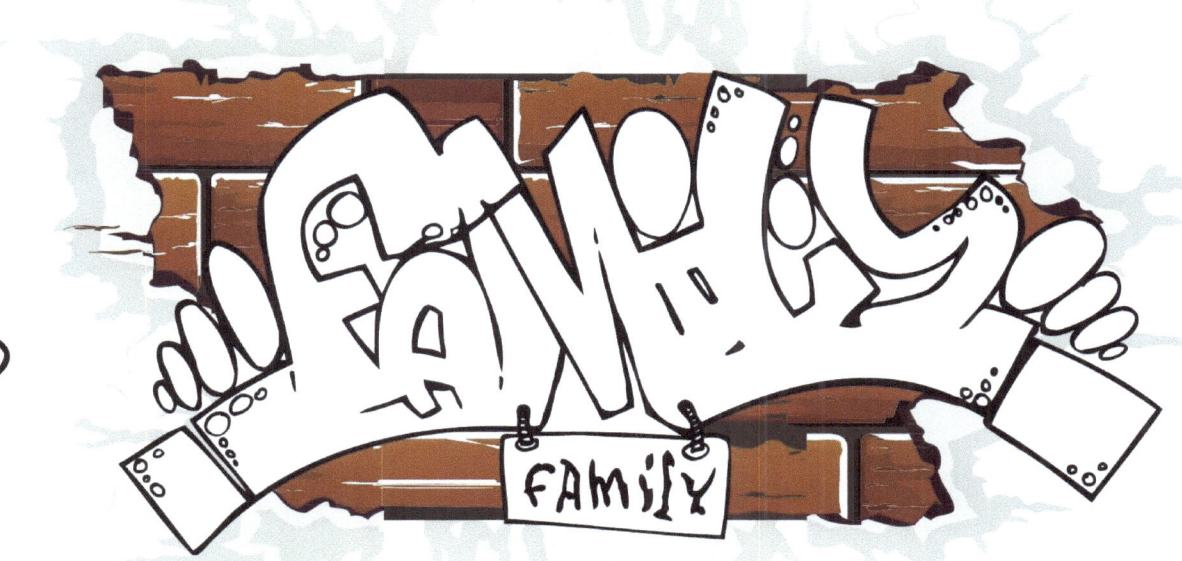

Graffiti Art

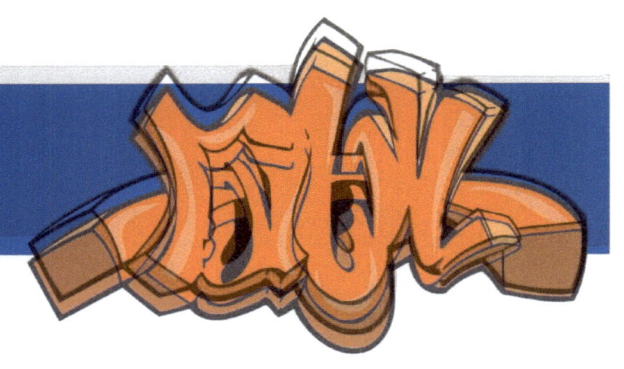

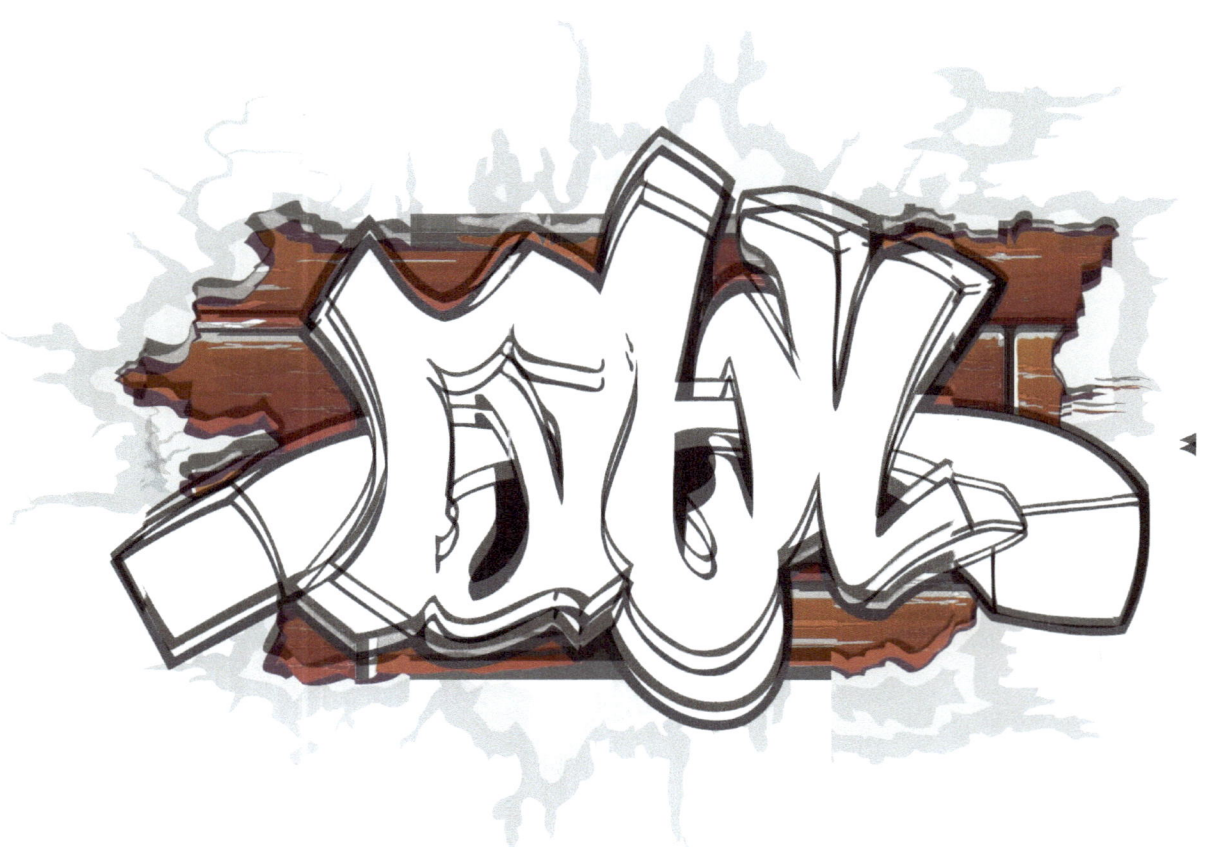

Graffiti Art

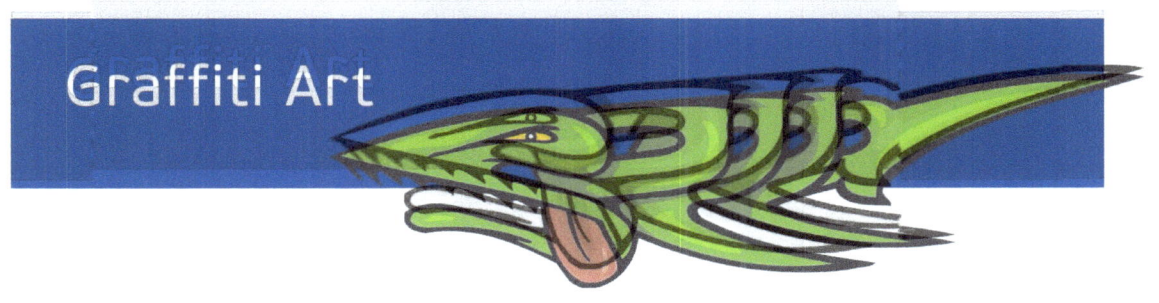

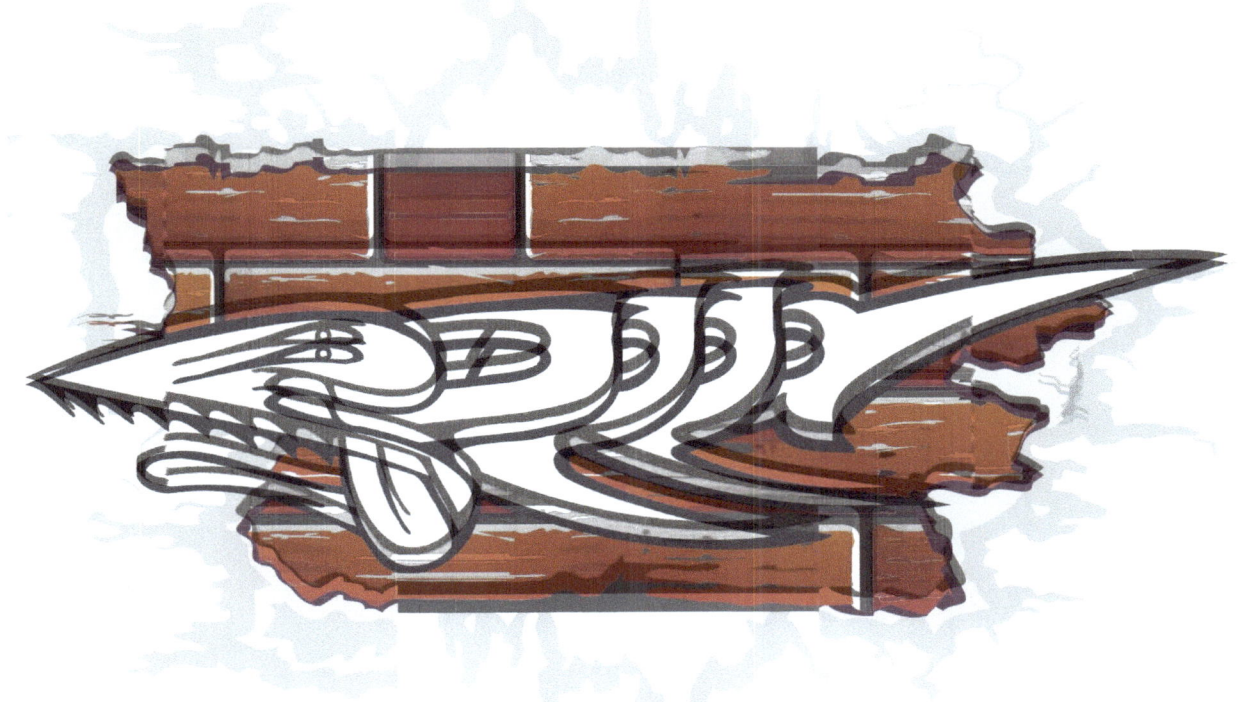

Graffiti Art

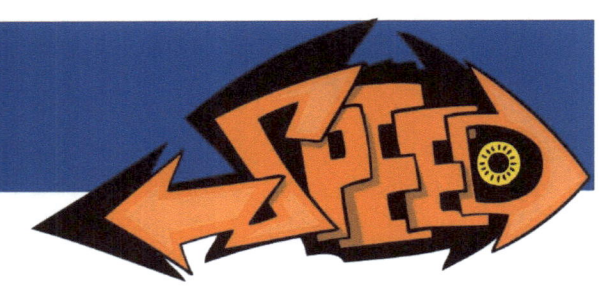

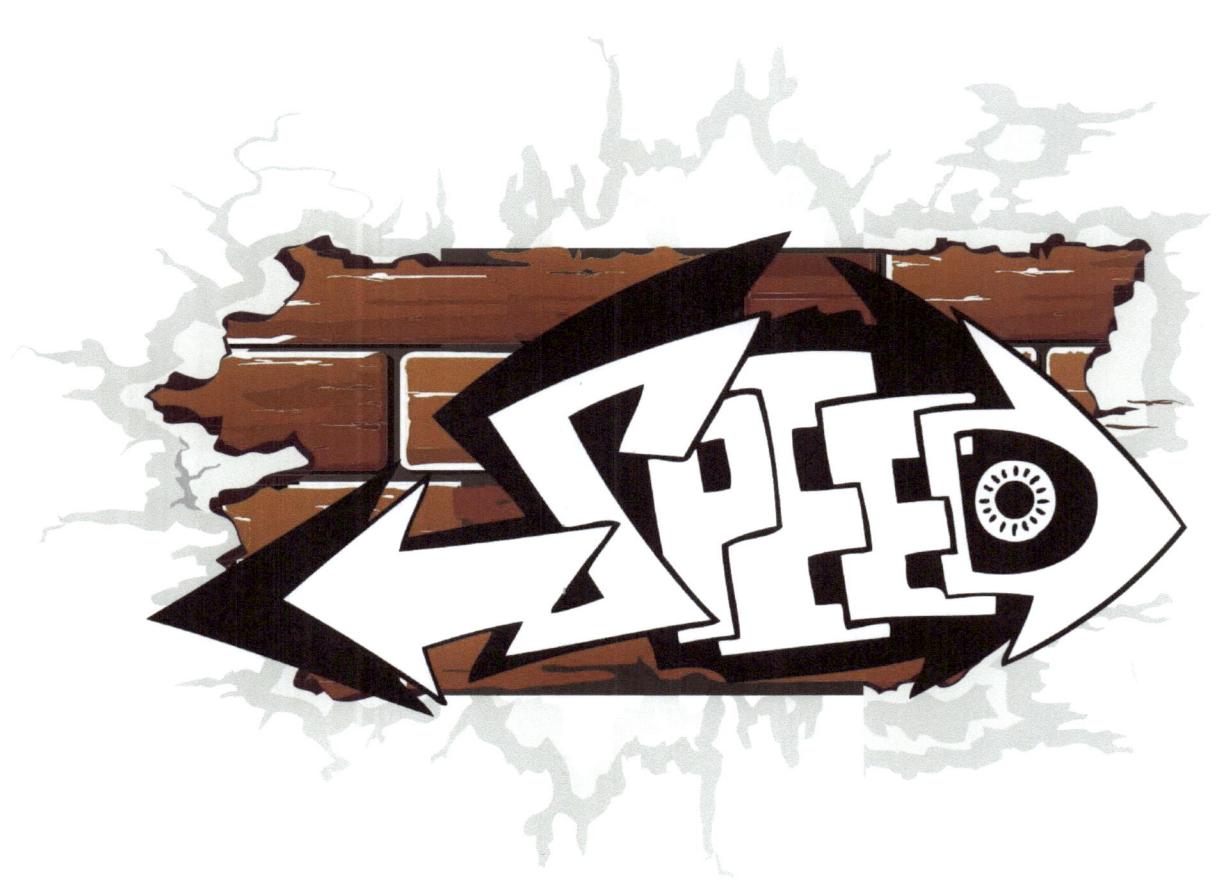

Graffiti Art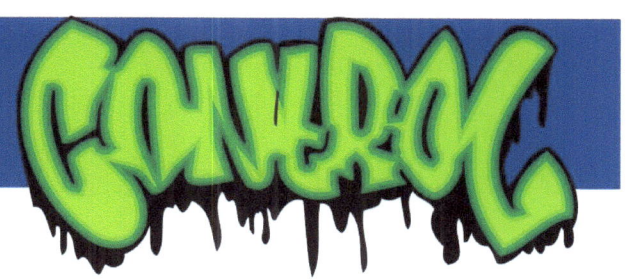

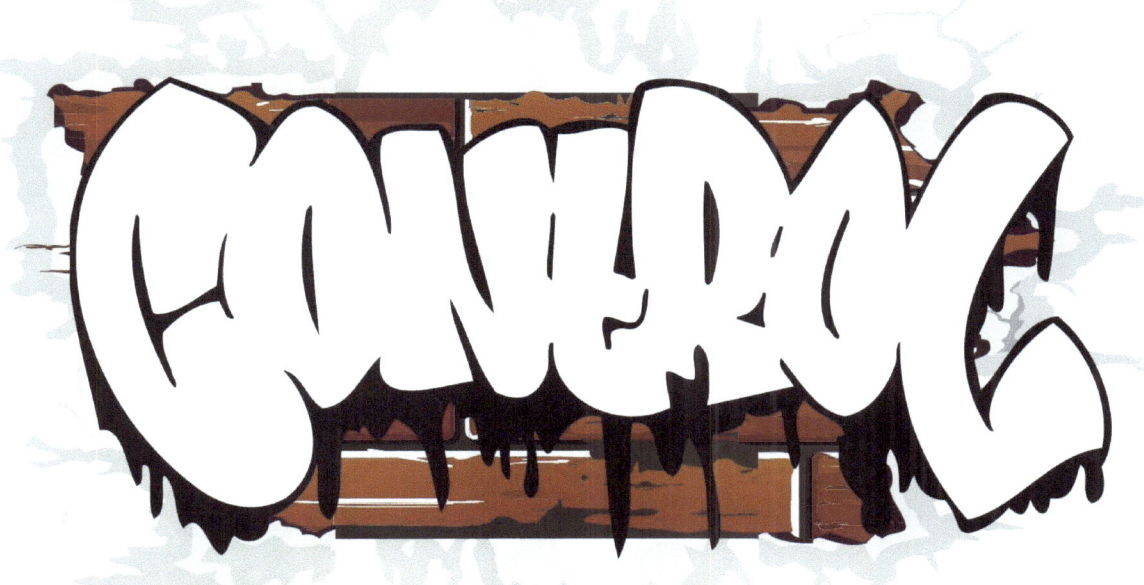

Graffiti Art

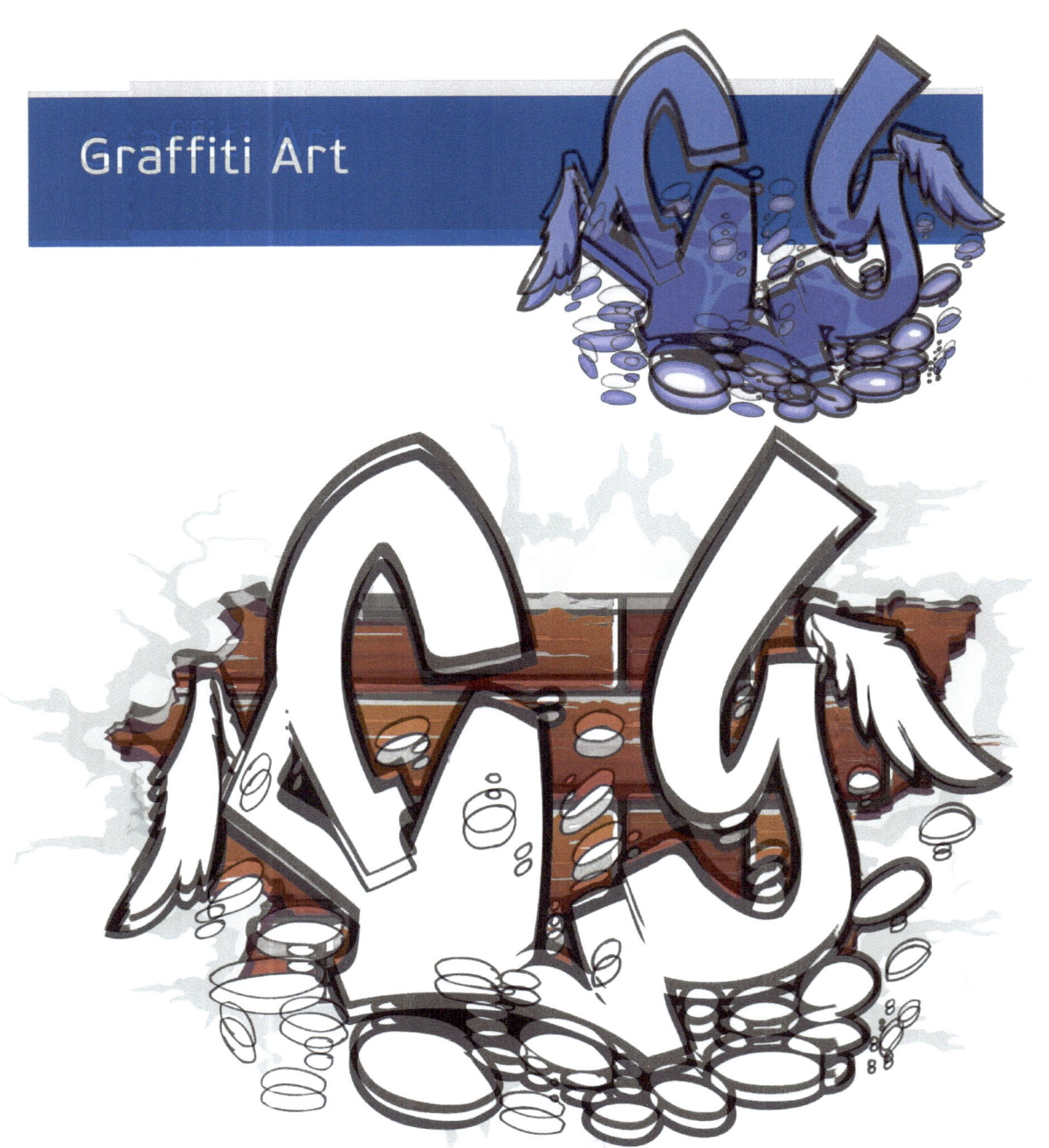

Graffiti Art

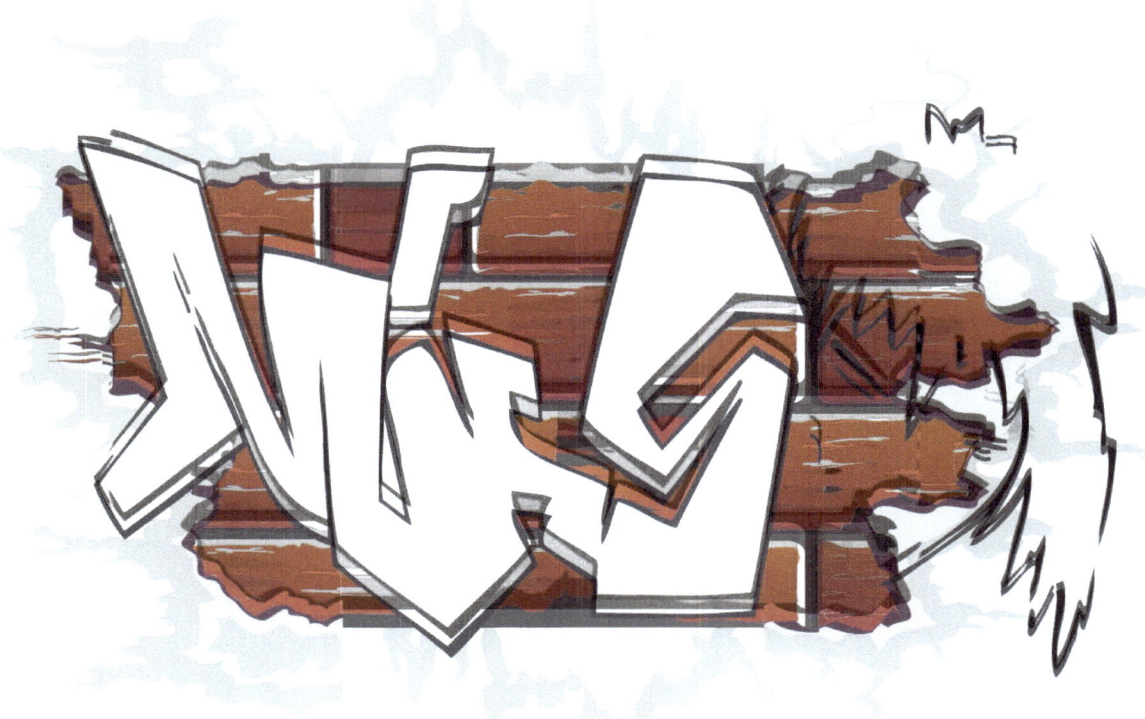

Graffiti Art

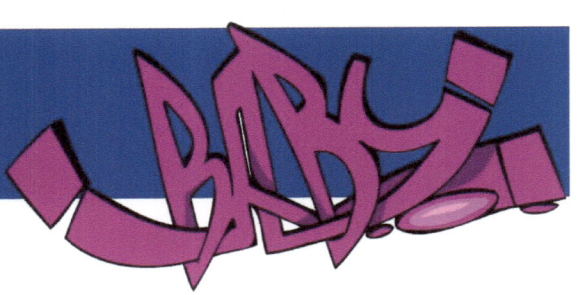

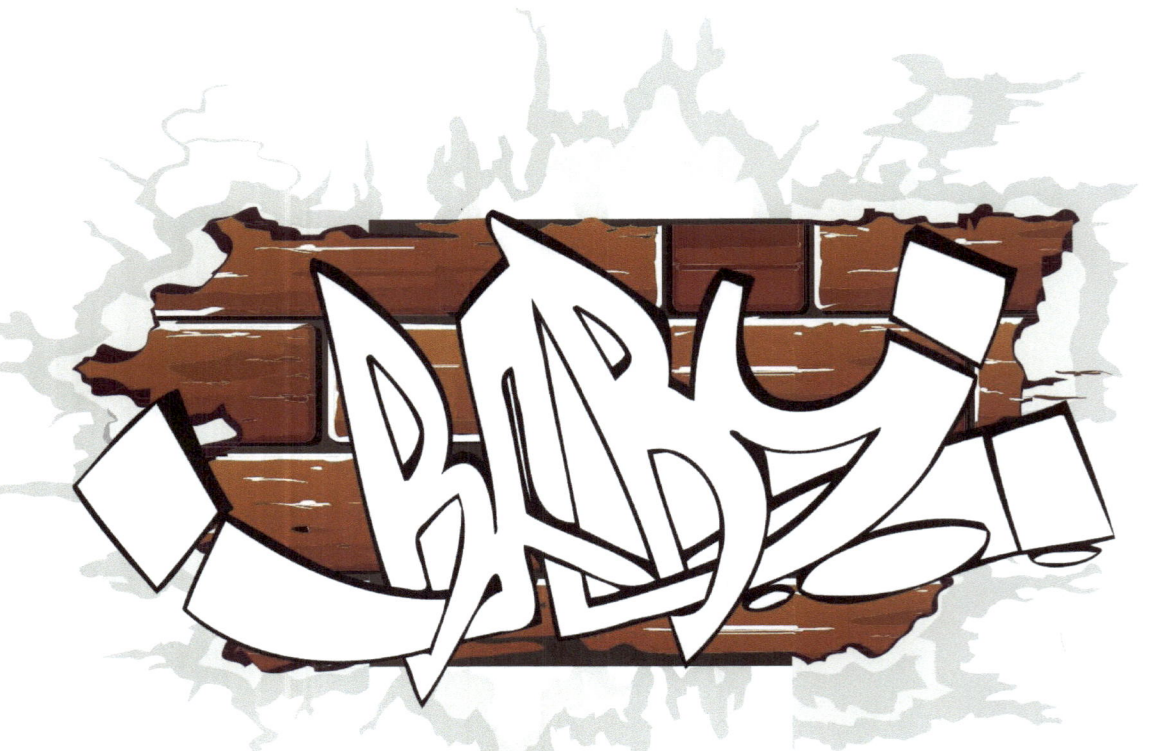

Graffiti Art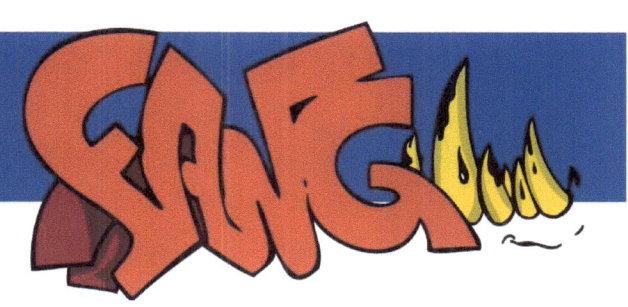

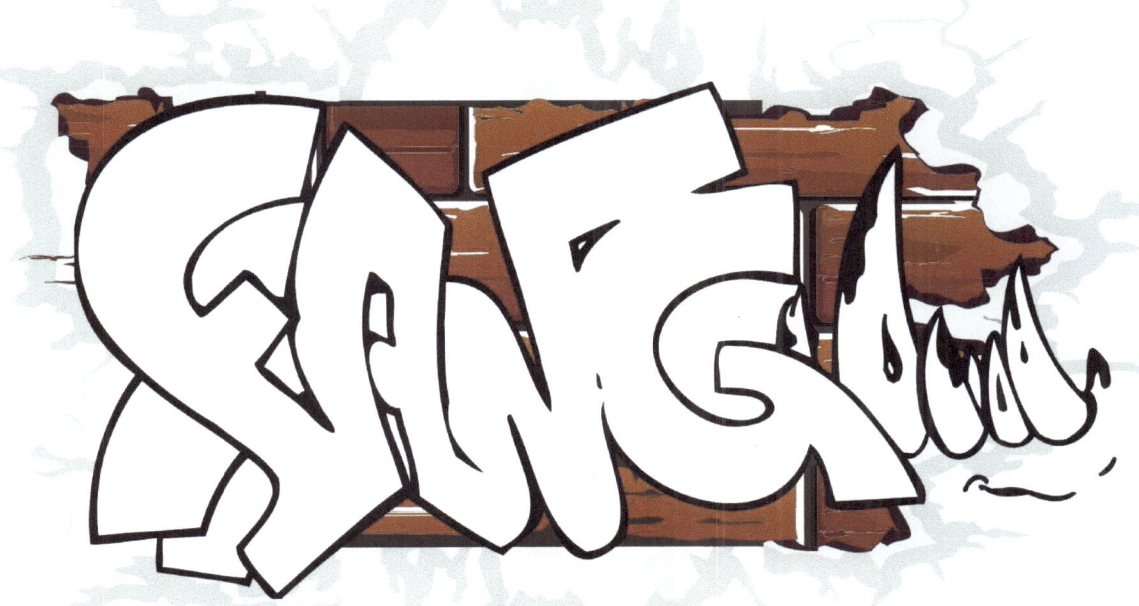

Graffiti Art

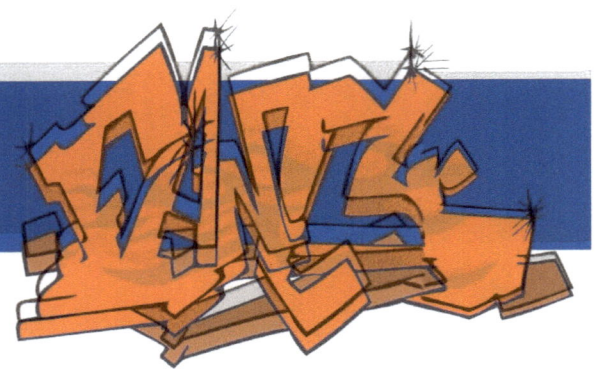

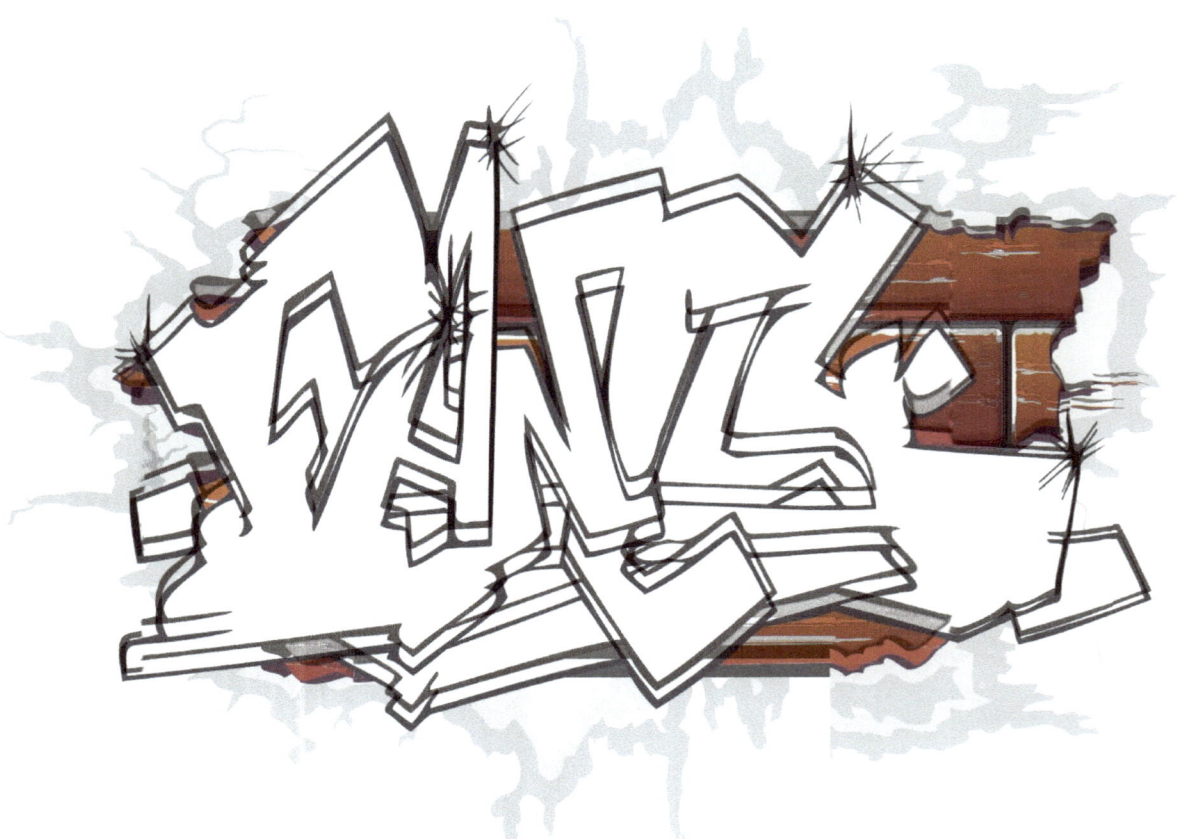

www.ingramcontent.com/pod-product-compliance
Lightning Source LLC
Chambersburg PA
CBHW051925210526

45473CB00006B/2142